Brigitte Krautgartner
Hinter den Wolken ist es hell

Brigitte Krautgartner

HINTER DEN WOLKEN IST ES HELL

Von Krankheit und Abschied
und dem Glück des Neubeginns

Tyrolia-Verlag · Innsbruck-Wien

Inhalt

Vorwort

Wir sitzen in einem spanischen Lokal und studieren gemeinsam eine Speisekarte. Nicht, dass wir nicht zwei bekommen hätten, wir haben zwei. Aber wir sitzen nebeneinander. Seite an Seite. Lieben es, einander zu berühren. Und tun es auch. Da können wir auch gemeinsam eine einzige Speisekarte studieren.

Das spanische Lokal hat mein neuer Partner ausgesucht. Wir haben etwas zu feiern. Zwei Dinge eigentlich: Auf den Tag genau vor sechs Monaten sind wir einander zum ersten Mal persönlich begegnet. Wie aufregend das war. Wie sehr wir innerlich gezittert haben ... Wir wissen es noch sehr gut.

Die andere Sache: Mein Verlag hat Interesse gezeigt an einem Buchprojekt. An diesem Buchprojekt.

Da sitzen wir also und überlegen uns, welche Tapas wir essen wollen. Das muss ausführlich besprochen werden – schließlich wollen wir ja beide alles kosten. Und so sitzen wir da, tauschen uns aus in der Vorfreude darauf, wie gut es uns schmecken wird. Wir sind heiter und scherzen, das Leben fühlt sich leicht an.

Kurz formt sich in meinem Kopf ein Gedanke, den wir beide schon mehrfach ausgesprochen haben: Wenn wir vor eineinhalb Jahren gewusst hätten, wie fröhlich wir beide in absehbarer Zeit beisammensitzen würden, wie wohl wir uns mit jemandem fühlen würden – um wie viel leichter wäre es uns gefallen, all das Schwere, das Schmerzliche, die Ängste vor der Zukunft und dem unausweichlichen Loslassen zu ertragen. Wie viel zuversichtlicher hätten wir sein können, wie viel sicherer, dass die Zukunft nicht nur Trauer und Mühen bereithält (das natürlich auch), sondern ebenso neue Perspektiven, neue Möglichkeiten, sich zu öffnen, Nähe zu empfinden. Wenn wir das damals auch nur in Betracht gezogen hätten – wie viele dunkle Gedanken und Untergangsszenarien hätten wir uns erspart.

Das ist der Grund, warum ich meine Geschichte aufschreiben möchte. Weil ich zeigen möchte, dass auch schmerzhafte Lebensphasen zu einem guten Ende kommen können, dass es möglich ist, durch sie hindurchzugehen. Natürlich ist das nicht einfach. Ganz im Gegenteil. Es kostet Kraft, mehr als man zu haben meint. Es fühlt sich zwischendurch an, als würden Herz und Seele durch einen Fleischwolf gedreht. Endlose Stunden, in denen niemand da ist, der einem irgendwie helfen könnte. Da ist nur das Wissen, es geht dem Abgrund entgegen. Der Tag und die Stunde sind unbekannt. Niemand kann sagen, was bis dahin genau geschehen wird. Fragt man danach, erhält man lapidare Antworten: Jeder Verlauf ist anders. Das werden die weiteren Untersuchungen zeigen. Jetzt heißt es einmal abwarten. Und – besonders daneben aus meiner Sicht – belasten Sie sich damit nicht.

Als könnte man einen Tag, eine Stunde unbelastet verbringen im Angesicht des Abschieds, von dem man nicht weiß, wann und in welcher konkreten Form er kommen wird. Und was der Weg dahin bringen wird.

Dazu kommt: Viele derer, die Sätze wie diese sagen, sind für die Anliegen der Angehörigen im Grunde gar nicht zuständig. Im Zentrum ihres Denkens steht die kranke Person. Angehörige sind – nun ja – auf gewisse Weise Nebendarsteller. Ja, sie gehören dazu. Aber aus ihrer Perspektive zu denken, sich in ihre Lage zu versetzen und auf dieser Basis einen passenden Umgang mit ihnen zu pflegen – da heißt es nur allzu oft: Fehlanzeige.

So fühlt man sich verloren, voller Angst, weiß nicht, wohin mit sich selber, der eigenen Unsicherheit, dem eigenen Schmerz. Es scheint keine Adresse dafür zu geben, kein offenes Ohr. Stattdessen bekommt man „Aufträge" vom eigenen Anspruch her und von außen: die kranke Person zu unterstützen, eigene Bedürfnisse zurückzustellen oder gar aufzugeben, alles Mögliche zu regeln und zu organisieren, ruhig und gelassen zu bleiben (trotz des Ausnahmezustandes, in dem man sich befindet). Und, und, und.

Ich würde es so formulieren: Als angehörige Person mit der grausamen Diagnose „bösartiger Tumor, weit fortgeschrittenes Stadium" konfrontiert zu werden, das bedeutet, sich plötzlich in der Hölle wiederzufinden. Und das, während sich die Welt rundum weiterdreht. Angehörige, Freundinnen und Kollegen planen Urlaube, suchen Wohnungen und Häuser, freuen sich über Enkelkinder, machen Kurse. Während die eigene Welt kurz vor dem Untergang steht, beschäftigen sich andere mit Vergnügungen, Karriere und all den anderen Dingen, die für einen selber in so weite Ferne gerückt sind.

Tatsache ist: Es gibt (fast) keinen Menschen, der im Leben nicht in diese Krisensituationen gerät. Schmerzliche Abschiedssituationen tauchen unweigerlich auf, denn Großeltern, Eltern, Geschwister, Partner, sogar Kinder – sie alle sind sterblich.

Ich möchte davon berichten, wie so ein Abschied gestaltet werden kann. Welche Vorkehrungen man treffen kann, um vermeidbare Belastungen tatsächlich zu vermeiden. Wie es gelingen kann, gerade in schier unerträglichen Lebensphasen gut und verantwortungsbewusst mit sich selber umzugehen. Wie man die eigenen Kräfte, so gut es geht, schonen kann – um sie dann zur Verfügung zu haben, wenn sie gebraucht werden.

Meine Erfahrung ist: Das Leben geht seinen Gang, hinein in dunkle Täler, durch sie hindurch – und auch wieder hinaus ins Helle. Mit vielem sind wir konfrontiert, ohne dass wir eine Wahl hätten. Auch wenn wir es als ungerecht empfinden (und das tun wir vielfach), wir können es uns nicht aussuchen. Und doch können wir vieles bestimmen, auch in Krisensituationen Entscheidungen treffen, die mehr oder weniger konstruktiv sind.

Wie es in meinem Fall gewesen ist, davon schreibe ich hier. Um Sie zu ermutigen. Ich möchte Sie ein Stück weit mitnehmen in meine Geschichte.

Ich habe mein Buch bewusst nicht chronologisch angelegt, sondern thematisch gegliedert. Jedes Kapitel ist als Einheit gedacht, die für sich allein verständlich ist. So können Sie dort lesen, wo Sie selber gerade Ihre Fragezeichen haben. Geht es um den Umgang mit Krisen oder um das Leben jenseits der Krankheit? Sie können überall „einsteigen". Durch diese Struktur kann es freilich dazu kommen, dass Sie die eine oder andere kleine Doppelung finden, dass im

Kapitel über den Krankheitsverlauf etwas steht, was im Kapitel über die allerletzten Tage ebenfalls vorkommt. Dort, wo es für die Verständlichkeit des jeweiligen Abschnitts notwendig ist, habe ich diese Doppelungen in Kauf genommen.

Und jetzt – machen wir uns auf den Weg!

I.

Die Diagnose

Es war wie eine jener Filmszenen, die auf mich immer so unglaubwürdig und schlecht inszeniert gewirkt hatten: Wir saßen im fahrenden Zug und alles zog wie in Zeitlupe an mir vorbei. Die Konturen waren zwar klar erkennbar, nicht „vernebelt", trotzdem war da eine deutlich spürbare Distanz zu allem, was mich umgab. Die Geräusche rund um mich waren gedämpft. Alles war irgendwie unwirklich. Alles, außer meinem Herzschlag. Und dem Gedanken: Das gibt es also wirklich.

20 Minuten zuvor hatte mir ein einfacher Satz die schmerzhafte Gewissheit gebracht: „Er meint, die Beschwerden kommen von den Knochenmetastasen." Rudi hatte die Worte fast beiläufig hingesagt. Damit war alles klar, die Hoffnungen, die wir uns noch gemacht hatten, zunichte – die Richtung vorgegeben.

Bösartig. Krebs. Gestreut. Keine Chance auf Heilung. Der Supergau, den wir befürchtet hatten, war nun offiziell bestätigt.

Wir waren beide nicht darauf vorbereitet gewesen, an diesem Tag überhaupt eine Diagnose zu bekommen. Die Befundbesprechung nach der Gewebeprobe war für einen späteren Termin vereinbart. Aber dann hatte er diese Schmerzen im Bein bekommen, er wusste nicht, ob er trotzdem am Wochenende mit mir Tennis spielen sollte oder sich schonen. Also Anruf beim Arzt, „Kommen Sie vorbei", und währenddessen, während der Unterredung der beiden, kam online der Befund der Biopsie.

Diverse bildgebende Verfahren bestätigten in der Folge die Verbreitung der Metastasen: Beckenknochen, Oberschenkel, Wirbelsäule.

Jetzt also, an diesem letzten Freitag im August, das Todesurteil. Für ihn – aber auch für mein Leben, wie es bisher gewesen war. Für eine Beziehung, die vor mehr als 20 Jahren begonnen hatte. Jetzt war es gesichert. Mein schrecklicher Verdacht bestätigt. Immerhin bedeutete das auch endlich Klarheit. Immerhin waren die Qualen der Unsicherheit vorbei – so empfand es ein Teil von mir.

Seit Wochen waren wir im Unklaren gewesen. Zwar schienen die Anzeichen immer mehr in die eine Richtung zu deuten; immer jedoch hatte da die Möglichkeit bestanden, dass alles auch ganz anders sein könnte.

Wie groß konnte diese Möglichkeit – unsere Chance – realistischerweise sein? Oft stellten wir den Ärzten diese Frage. Er, bei Terminen, die er allein wahrnahm. Ich bei Terminen, zu denen ich ihn begleitete. Die Antworten waren immer vage, man könne nichts sagen, das würden die weiteren Untersuchungen zeigen, jetzt nichts überstürzen, nicht die Zuversicht verlieren. Der Ton wurde immer rücksichtsvoller. Kein gutes Zeichen, wie ich fand. Die Ungewissheit wurde immer zermürbender. Sie prägte und zerstörte einen Kurzurlaub im Salzkammergut, sie führte Regie in unseren

Plänen und in unserem Umgang miteinander, sie begleitete uns abends in den Schlaf und hieß uns am Morgen im neuen Tag willkommen. Sie fraß sich tief in unsere Gedanken und Gefühle, in das Innerste unserer Beziehung. Sie war der Tinnitus, den wir manchmal ausblenden, aber nie loswerden konnten. Bis eben dann die Diagnose kam.

„Jetzt weiß ich es wenigstens", sagte er auf dieser Zugfahrt zu mir; Worte, die aus weiter Ferne zu kommen schienen.

Und ich? Ich dachte: Ich weiß es schon lange.

Es war mir aufgefallen, dass er deutlich weniger Energie hatte als früher. Dass er beim Zugfahren (und als Pendler waren wir durchaus nicht selten gemeinsam unterwegs) immer öfter einschlief. Aber auch bei einem Klavierkonzert, das ihn eigentlich begeisterte, eine junge rumänische Pianistin. „Sie spielt wie Keith Jarrett", fand er.

Und: Auffällig oft musste er auf die Toilette. So auffällig, dass ich es ansprach – wissend, dass es für ihn ganz schwierig war, über Gesundheitliches zu sprechen. Und dann noch dazu etwas, das den Urogenitalbereich betraf. Ja, herzlich willkommen im Bereich der einschlägigen Fachausdrücke, es ist ein Nebenaspekt, aber auch sprachlich wurde plötzlich alles anders, medizinisch – auch das ganz Private.

Er wischte meine Bedenken weg, wenn ich sagte, dass ich seinen ständigen Harndrang beunruhigend fand. Ja, er wurde, wenn es gar nicht mehr anders ging, unwirsch. Schob es auf die Kälte, den Tee, das Bier, die Beckenbodenmuskulatur, darauf, dass das bei Männern Anfang 60 normal sein sollte.

Und genau das wurde es dann auch – unsere neue Normalität, geprägt von seinen Symptomen. Eine Normalität, die mich beunruhigte, quälte. Dann wieder schien es besser zu werden – ich gab mir selber eine innerliche Entwarnung. Die wirkte so lang, bis es wieder ein Alarmzeichen gab. Ich kam aus dem Beobachten nicht mehr heraus. Und ausgehend von den Beobachtungsergebnissen gestaltete sich meine emotionale Befindlichkeit. Die ich freilich mit ihm nicht teilen konnte. Denn er teilte mir ganz klar seine Sichtweise mit: Wenn ich immer nur Probleme suchte, dann sei das meine Angelegenheit, dann sollte ich das mit mir selber ausmachen.

So vergingen die Monate Jänner bis Juli.

Im August dann ein erster Arzttermin. Ergebnis der Untersuchung: Der PSA-Wert war dramatisch erhöht. „PSA – was ist das?" Die Frage war ehrlich gemeint. Für medizinische Kürzel hatte er sich nie besonders interessiert. Er freute sich immer über seinen niedrigen Cholesterinspiegel. Den hatte er übrigens bis zuletzt.

Das Ergebnis der Blutuntersuchung mit dem zu hohen PSA-Wert zog eine Kaskade von weiteren Tests nach sich, immer enger wurde mein Hoffnungskorridor (und seiner auch, aber darüber sprach er nicht).

„Jetzt weiß ich es wenigstens" – wir waren also im Bereich der Gewissheit gelandet. Es war Spätsommer, und ich trug ein leichtes Kleid. Wir hatten die Einkäufe für das Wochenende dabei. Die Sonne schien. Es war heiß. Unser Urlaub am Meer stand kurz bevor. Alles geplant. Alles wie immer. Der letzte Freitag im August.

Wie es an diesem Tag weiterging? Unspektakulär.

Irgendwann synchronisierte sich die gefühlte Zeit mit der tatsächlichen. Meine Wahrnehmung wurde wieder wie gewohnt. Wir räumten die Lebensmittel aus dem Rucksack, alles an seinen angestammten Platz. Toastbrot und Eier für das Frühstück. Weil wir das am Wochenende gern hatten.

Und dann?

Nicht zu Hause bleiben. Wir gehen weg. Der Abend ist so schön. Wer weiß, wie das Wetter im September werden wird?

Wer weiß, wie alles werden wird ... Aber das wagten wir beide nicht auszusprechen.

Vor nicht allzu langer Zeit hatte in unserer Ortschaft ein Café mit einem schönen Gastgarten eröffnet. Dorthin gingen wir. Und es war ... alles wie immer. Die Tische im Freien gut besucht, heitere Stimmung. Die Rosen blühten, dass es eine Freude war. Gelächter. Kinder mit Eistüten. Bekannte Gesichter.

An einem Tisch saßen zwei Sängerinnen aus unserem Chor. Eine verwitwet, eine mit ihrem Mann. Es verstand sich von selber, dass wir bei ihnen Platz nahmen. Und die üblichen Gespräche führten: über das schöne Wetter, über gerade absolvierte oder bevorstehende Urlaubsreisen.

Und wieder fühlte sich alles sehr seltsam an, wieder bekam ich Schwierigkeiten mit meiner Wahrnehmung. So dachte ich zunächst. Bis mit der Zeit klar wurde, es war nicht die Wahrnehmung, an der es lag – es war die Wirklichkeit. Oder, präziser formuliert, es waren die Wirklichkeiten. Denn da kam es zu seltsamen und schwer einzuordnenden Überlagerungserscheinungen.

Hier die Ausnahmesituation, die Diagnose, das Todesurteil. Dort die Normalität, der Sommerabend, die Freundinnen. Ein Glas Gin Tonic vor mir auf dem Tisch, der Ge-
schmack wie immer.

Unausgesprochen stimmten wir darin überein: „business
as usual". Wir wollten die Illusion, alles sei in Ordnung, aufrecht erhalten. Wir sprachen nicht darüber, was an diesem
Nachmittag geschehen war. Wir sprachen überhaupt nicht
viel. Unsere Welt würde nie wieder dieselbe sein. Aber das
musste nicht sofort das alles bestimmende Thema im Gespräch werden. Und wenigstens hatten wir jetzt Klarheit.

Dann bestellte der Mann unserer Chorfreundin noch eine Runde. Und immer noch schien die Sonne ...

2.

Der Krankheitsverlauf

Jeder Krankheitsverlauf ist anders.

Ich weiß nicht, wie oft ich diesen Satz, diese Phrase im Laufe der Zeit von Rudis Krankheit gehört habe. Und ja, natürlich, es stimmt. Trotzdem war es jedes Mal ein Schlag ins Gesicht, das wieder zu hören.

Nach der Diagnose und der kurzen Frist, die es gebraucht hat, die Nachricht einmal sickern zu lassen, wollte ich wissen, womit ich – ungefähr – zu rechnen hatte. Wie die bevorstehenden Krankheitsstadien aussehen würden. Welche Verläufe möglich sein würden. Auf welche Zeithorizonte ich mich einstellen konnte.

In dieser Situation, in der sich mein Leben überschlug, hatte ich das Bedürfnis, so schnell wie möglich wieder eine Art Orientierung zu finden. Wo ist oben, wo ist unten? Wie soll ich mich verhalten? Wie kann ich wieder so etwas wie Halt finden? Wie wird sich das Ganze auf meinen Beruf auswirken, der eben nicht unbedingt von 9 bis 17 Uhr in einer Kanzlei stattfindet und mit der Präzision eines Schweizer Uhrwerks vorhersehbar ist.

Fehlanzeige!

Soweit ich als Angehörige überhaupt ernst genommen wurde, sofern meine Fragen überhaupt das Ohr der Adressaten erreichten (nicht selten waren das psychologisch erschreckend inkompetente Ärzte), bekam ich jedes Mal diesen Satz zu hören: Jeder Krankheitsverlauf ist anders.

Jetzt, rückblickend, lässt sich natürlich sagen, was geschehen ist, wie sich die Krankheit entwickelt hat, welche Phasen es gegeben hat. Um einen Überblick zu geben, wie so ein Verlauf aussehen kann, möchte ich hier diesen Prozess zusammenfassen.

Die definitive Diagnose kam am 31. August 2017. Darauf folgten verschiedene Arzttermine, an denen ich teilnahm. Zum Teil war das für mich durchaus aufschlussreich. Der niedergelassene Urologe und die in seiner Praxis mitarbeitende Frau waren empathisch, nahmen sich Zeit, reagierten auch positiv auf meine Bitte, keine lateinischen Fachausdrücke zu verwenden.

Wir beide konnten unsere Fragen stellen. Es war eine Atmosphäre des Mitgefühls und der ehrlichen Betroffenheit angesichts der für uns beide so ausweglosen Situation. Medizinisch wurden zunächst keine besonders komplexen Maßnahmen getroffen.

Rudi bekam Schmerzmittel und Hormonpräparate, die das Wachstum des Tumors eindämmen sollten – beides in Tablettenform. Dann traten wir, wie geplant, im September unseren Urlaub in Kroatien an. Die Stimmung war durchwachsen. Manchmal gelang es uns, den Moment zu genießen. Das Meer, die Sonne, das gute Essen – in der Hoffnung, es würde sich eine Stabilisierung des Tumorgeschehens erreichen lassen, einige Jahre in guter Lebensqualität. Wobei dieser Ausdruck schon auch etwas Zynisches hatte. Denn – das hatten mir nicht die Ärzte gesagt, das hatte ich selber recherchiert – Sexualität im herkömmlichen Sinne würde es nicht mehr geben. Für ihn (der andere Sorgen hatte) nicht, und für mich an seiner Seite auch nicht. Ich prägte damals für mich eine Formulierung, die ich immer noch als stimmig empfinde: Ich bin ein menschlicher Kollateralschaden.

Also ... gute Lebensqualität (mit entscheidenden Abstrichen) erschien im Bereich des Möglichen. Und darauf hofften wir in diesem Urlaub noch. In den guten Momenten. Andererseits war da die große Angst vor dem, was jetzt auf ihn, auf uns, auf mich zukommen würde. Und das unausweichlich, auch wenn es vielleicht eine Art Galgenfrist gab. So waren diese beiden Wochen am Meer von einem Auf und Ab geprägt. Und genau in diesem Stil, zwischen Angst und Hoffnung schwankend, sollte mein Leben noch lange weitergehen.

Nach der Heimkehr vom Urlaub stand ein kleinerer chirurgischer Eingriff an. Der Tumor als solcher war inoperabel, es war eine kleine OP, gewissermaßen ein Nebenschauplatz: Man wollte ermöglichen, dass Rudi sich wieder freier bewegen konnte, nicht dauernd darauf achten musste, ob ja in unmittelbarer Umgebung eine Toilette war.

Der Urologe, der den Eingriff vornehmen sollte und zu dem ich Rudi zum Vorgespräch begleitete, erwies sich nicht eben als sensibel. Das begann damit, dass er mir keine Sitzgelegenheit anbot, meistens während des Sprechens in seinen Computer schaute und nicht in das Gesicht seines Patienten. Ich denke heute noch mit sehr unangenehmen Gefühlen an diese Situation zurück.

Den Eingriff konnte er nicht zu Ende bringen, er musste ihn abbrechen, sehr zu Rudis Enttäuschung, der sich eine Besserung davon erhofft hatte.

Diese trat dann trotzdem ein. Die Hormontherapie (nach dem Urlaub kamen Injektionen dazu) schlug gut an, die Situation entspannte sich.

Wir lebten also weiter, wie bisher – zumindest nach außen. Er ging weiter arbeiten. Ich versuchte, mich auf das zu konzentrieren, was mir als halbwegs sicher erschien: meine Arbeit, meine sozialen Beziehungen.

In unserem gemeinsamen Umfeld, zum Beispiel im Chor, sagten wir weiterhin nicht Bescheid. Wir wollten als ganz normale Menschen behandelt werden, ohne Mitleid, ohne beobachtende Blicke, ob einer von uns schlecht aussah.

Freunde und Bekannte, die mit ihm nichts zu tun hatten, weihte ich ein. So konnte ich ab und zu mein Herz ausschütten. Allerdings: Wenn ich jemanden traf, sprachen wir auch viel über andere Themen – die Dinge halt, die vor der Diagnose wichtig gewesen waren. Die jeweilige Arbeit, gemeinsame Interessen und Pläne, auch Scherze. Diese Gespräche taten mir gut, sie brachten Normalität in mein Leben.

An dieser Stelle die ausdrückliche Empfehlung: nicht aus den Augen verlieren, wie vielfältig das Leben auch in einer derartigen Situation ist. Es gibt die Krankheit. Ja. Sie nimmt manchmal mehr Raum ein, manchmal weniger. Aber es ist absolut kontraproduktiv, sie zum einzigen Thema zu machen. Nicht in Gesprächen mit Freunden und Bekannten und auch nicht im eigenen Erleben. Je mehr man sich auf die schwarze Wolke am Lebenshimmel konzentriert, desto größer wird sie und desto weitere Bereiche verdunkelt sie. Je mehr Raum ihr gegeben wird, desto mehr gewinnt sie an Macht.

Ende Oktober brach ich mir dann den Knöchel. Es klingt vielleicht komisch, aber wer sich je mit einem Spaltgips und zwei Krücken durch das Leben bewegt hat, weiß wohl, dass es kaum etwas gibt, das einen mehr ins Hier und Jetzt bringt. Wie komme ich über diese Stufe, über die Straße? Wie schaffe ich es, ohne freie Hände eine Tasse Tee von der Küche ins Wohnzimmer zu transportieren?

In gewisser Weise tat es gut, mit Herausforderungen wie diesen konfrontiert zu sein. Es waren kleine Probleme, die plötzlich im Vordergrund standen – und die ich bewältigen konnte. Jedes Mal dann ein kleines Erfolgserlebnis: der erste Teller Suppe, den ich zubereitet hatte und so weiter.

Dann neue Termine mit Rudi im Krankenhaus. Stundenlange Wartezeiten in der onkologischen Ambulanz im Souterrain. Alte Menschen, junge. Manche ausgemergelt, kahl von der Chemo, andere sahen fit und gesund aus. Als wir endlich an der Reihe waren, eröffnete uns eine Turnusärztin (die sich auch als solche vorstellte), dass Rudi zusätzlich zu seinem Prostatakarzinom eine (gut behandelbare) Form von Leukämie habe. Die junge Frau machte einen überforderten Eindruck und klärte uns ausführlich über die Leukämie-Therapie auf. Die, wie sich in der Folge herausstellen sollte, nicht notwendig war. Das verdächtige Blutbild hatte andere Gründe. Wir bekamen schlechte Nachrichten, dann gab es manchmal Entwarnung, manchmal nicht. Wir waren verunsichert, eingeschüchtert, auch von dem, was das Leben uns da zumutete. Darüber offen zu sprechen, gelang uns nur selten. Wir waren ein Paar und doch beide sehr allein.

Äußerst positiv war der Besuch bei einem weiteren Onkologen, der allerdings nicht im Krankenhaus tätig war, sondern ehrenamtlich bei der Krebshilfe. Er saß uns in einem freundlichen Zimmer gegenüber, sprach gut verständlich, humorvoll und war geduldig, auch wenn wir zweimal dieselbe Frage stellten.

Und endlich einmal jemand, der sich nicht um die Frage nach den Zukunftsperspektiven drückt. Er sagte uns klipp und klar: Entscheidend sei, ob und wo es (abgesehen von den Knochen) Metastasen gebe. Die Untersuchungen waren noch nicht zur Gänze durchgeführt, CT, MRT ... all das brauchte Zeit – und wurde offenbar nicht als so dringend eingeschätzt: Einerseits, weil eine Heilung ja ausgeschlossen war, und andererseits war die Behandlung des Primärtumors bereits in Angriff genommen worden. Die Behandlung, in dem Stadium arm an Nebenwirkungen, zeigte durchaus ihre Erfolge. Der PSA-Wert sank deutlich und nachhaltig.

Den Ausführungen des Onkologen zufolge gab es die realistische Chance, eine nicht unerhebliche Zeit lang ein halbwegs normales Leben zu führen. Erstmals seit der Diagnose hatte ich das Gefühl, mich zumindest halbwegs entspannen zu können. Im Gespräch mit Menschen aus meinem Umfeld habe ich es dann so formuliert: Ich habe das Gefühl, ich habe mein Leben zurückbekommen.

In den darauf folgenden Wochen trat die Krankheit tatsächlich in den Hintergrund. In der Arbeit und privat konnte ich mich den Vorbereitungen auf Weihnachten widmen, es war eine Phase der Erholung.

Nach Weihnachten dann die Hiobsbotschaft: Der Tumor hatte sehr ausgiebig gestreut.

Die Metastasen in der Wirbelsäule waren auch der Grund für den Leukämie-Verdacht gewesen: Das Rückenmark war angegriffen. Und angegriffenes Rückenmark kann kein „normales" Blut produzieren.

Damit war klar: Das von dem freundlichen Onkologen gezeichnete Positivszenario würde es so wohl nicht geben.

In dieser Situation war ich sehr froh, dass ich gleich nach der Diagnose psychologische Begleitung in der Krebshilfe in Anspruch genommen hatte. Das erwies sich als wichtige Stütze; in Krisensituationen war es möglich, öfter hinzukommen, auch zwischen den regulär 14-tägig stattfindenden Gesprächen.

Vieles musste ich aber auch mit mir selber ausmachen. Das ging ein Stück weit. Meine Erfahrung ist, dass sich da durchaus einiges machen lässt (es ist ja nicht immer Hilfe da), aber dass man sich damit auf keinen Fall überfordern soll. Es gilt, die richtige Balance zu finden. Und das ist durchaus möglich. Wie so vieles andere ist auch das ein Lernprozess.

Als Paar haben wir weiterhin nicht allzu viel über die Krankheit gesprochen. Und eigentlich haben wir weitergemacht wie bis dato. Im Guten wie im Schlechten. Schwierige Gefühle wie Wut, Angst, Trauer, wechselseitige Vorwürfe etc. konnten wir nicht ansprechen. Vieles blieb ungesagt. Aber es gab auch Schönes, das wir miteinander genießen konnten: eine Reise nach Barcelona etwa (nachdem sich die Lage im Februar etwas stabilisiert hatte), gutes Essen, Besuche auf dem Markt oder die gemeinsame Freude am Singen.

Er ging immer noch arbeiten. Als wir uns endlich entschlossen, Gespräche mit dem Caritas-Hospizteam zu führen, begründete er das Festhalten an seiner Berufstätigkeit mit ganz einfachen Worten so: „Es ist ein Stück Normalität, das ich nicht missen möchte."

Klar war, dass ihm seine Arbeit weiterhin viel Freude gemacht hat, die Wertschätzung der Kollegen, die kleinen Scherze, gemeinsame Erfolgserlebnisse und so weiter.

Ein paar Monate in einem – wenn auch sehr prekären – Gleichgewicht waren uns noch vergönnt. Zu den Kartagen 2018 kam allerdings eine große Krise: schier unbewältigbare Schmerzen. Es war fast unmöglich, ihn zu überzeugen, dass es jetzt Zeit für Hilfe war. Dann: Rettung anrufen, Diskussionen führen, bis das Rettungspersonal endlich sein Kommen zusagte. Ich fühlte mich so hilflos, weil ich ihm nicht helfen konnte, und ausgeliefert, weil plötzlich die Abhängigkeit vom guten Willen anderer so deutlich wurde.

Damals war es noch möglich, die Symptome mit einer Infusion und einer Erhöhung der Tablettendosis in den Griff zu bekommen. Am Ostermontag gingen wir gemeinsam ins Kino, dann miteinander essen. Trotzdem: Es war so etwas wie ein Auftakt. Die Schmerzen sollten in der Folge immer wieder zum vordringlichsten Problem werden. Auch, weil es unter den Ärzten keine Einigkeit gab, wie weit man in diesem Krankheitsstadium mit Schmerzmitteln gehen konnte. Als die behandelnde Onkologin wechselte, entspannte sich die Situation.

Schließlich war es ihm nicht mehr möglich, in die Arbeit zu gehen. Ab Juni war er im Krankenstand. Musste immer häufiger ins Spital, um Infusionen zu bekommen. Auch Untersuchungen standen immer wieder an. Meine Gefühlslage wechselte zwischen verzweifelt – ängstlich – wütend und dann wieder recht gleichmütig. Meiner Erfahrung nach gibt es auch in schweren Zeiten so etwas wie eine Normalität. Sie zeigt sich zum Beispiel in Diskussionen, was man am Wochenende kocht, was man XY zum Geburtstag schenkt, welchen Film man am Abend sehen will. Oder doch lieber eine Dokumentation?

Immer noch spielten wir übrigens Tennis miteinander. Wenn er auch nicht mehr so viel laufen konnte, eine Stunde, vergleichsweise gemütlich – das ging. Das war wichtig. Uns beiden. Das letzte Mal, dass wir miteinander spielten, war am 16. Juli 2018.

Bald danach ein neuerlicher Tiefschlag: Eine Schwellung im Bauchbereich musste untersucht werden – und erwies sich nach einer Biopsie als Leberzellenkarzinom. Mir sagten die Ärzte wenig dazu. Es wirkte auf mich, als sei es ein neuer Tumor, unabhängig von der Primärgeschwulst, keine Metastase. Es war ein ausgesprochen unheimliches Gefühl, irgendwann ging es mir durch den Kopf: Dieser Organismus befindet sich im Selbstzerstörungsmodus.

Behandelt wurde dieser neu entdeckte Tumor mit Tabletten. Offenbar wurde er als zweitrangiges Problem betrachtet. Was er wohl auch war.

Unmittelbar vor seiner Entdeckung hatte ich einen Urlaub für September gebucht. Lange, lange hatten wir gehofft, zu zweit verreisen zu können. Immer wieder hatte es ja gute Tage gegeben. Und ein Hotel am Strand, viel liegen und entspannen – wir hätten es uns beide sehr gewünscht. Aber je mehr Zeit verging, desto zögerlicher wurde er. Schließlich war es soweit: Er konnte sich eine Reise nicht vorstellen. Gleichzeitig sagte er mir aber immer wieder, ich solle doch fahren, ich solle Urlaub machen, ich solle mich erholen.

Und genau das habe ich auch gemacht. Nach ausgiebiger Rücksprache mit allen: mit seiner Ärztin und unserer Begleiterin des Hospizteams, mit der Krebshilfe, mit ihm, mit meiner Tochter, mit der Ärztin, bei der ich wegen meiner Schlafstörungen in Behandlung war. Alle ermutigten mich. Und so flog ich tatsächlich für eine Woche nach Valencia. Ans Meer. In dem Wissen, dass ich jederzeit zurückfliegen könnte und das auch selbstverständlich machen würde, sollte es sich so ergeben. Es war ein Urlaub auf Abruf, den ich angetreten habe. Und als ich mein Hotelzimmer am Meer bezog, spürte ich: Ich hatte ihn bitter, bitter nötig.

Am Abend des ersten Tages dann der Anruf: „Du, ich habe ein Bett." Ich versuchte noch trotz meines seltsamen Gefühls zu scherzen und sagte: „Ja, ich weiß – im Schlafzimmer." Seine Antwort: „Nein, ich bin im Spital." Er hatte Schmerzen bekommen. Unter den gegebenen Umständen war ich zunächst erleichtert. Ich wusste ihn in guten Händen, nicht allein. Er ermutigte mich, den Urlaub zu genießen. Worum ich mich auch redlich bemühte.

Am dritten Tag meines Aufenthaltes konnte ich ihn telefonisch lange nicht erreichen. Als er dann endlich abhob, klang er sehr schwach, die Stimme schmerzerfüllt. Er hatte eine Bestrahlung gehabt.

„Nein, bleib in Spanien, komm nicht zurück – du kannst nichts für mich tun, auch wenn du da bist ...“

Ich rief meine Begleiterin vom Caritas-Hospizteam an. Sie sagte dasselbe. Und so verbrachte ich einen sehr unruhigen Tag. Am Abend wieder ein Telefonat mit ihm. Er klang noch schlechter. Dann sprach ich mit einer Krankenpflegerin. „Ich kann Ihnen nichts sagen“, bedauerte sie, „nur dass er heute eine extrem anstrengende Behandlung hatte. Wenn es Ihnen recht ist, bitte ich die diensthabende Ärztin, Sie nachher zurückzurufen.“

Es war mir recht.

Der Rückruf kam wenig später. Er habe eine anstrengende Behandlung gehabt. Da sei es nicht ungewöhnlich, wenn Patienten so reagierten. Aus ihrer Sicht sei keine Gefahr im Verzug. Freilich, in die Zukunft könne man nie sehen ...

Sie war sachlich und trotzdem nett. Ich suchte Flugverbindungen für die kommenden Tage heraus. Es beruhigte mich zu sehen, dass es viele Möglichkeiten gab. Irgendwann schaffte ich es einzuschlafen.

Am nächsten Tag dann die Entwarnung: Es ging ihm besser, er klang stärker und zuversichtlich. Wieder ein Telefonat mit dem Hospiz-Team. Ich blieb in Valencia. Verbrachte noch einige sehr schöne Tage am Meer. Nach der Ankunft in Schwechat führte mich mein erster Weg zu ihm ins Spital, den Reisekoffer ließ ich inzwischen in einem Schließfach am Bahnhof.

Um es kurz zu machen: Er sollte nie wieder nach Hause kommen. Er blieb einige Wochen auf der Onkologie, kam dann auf die Remobilisierungsstation. Sein Gehvermögen war nach der Strahlenbehandlung stark eingeschränkt, die ohnehin durch die Metastasen schon geschädigten Knochen zusätzlich geschwächt. Er ging mit einem Rollator. Machte diszipliniert seine Übungen. Genoss es, ein modernes Einbettzimmer zu haben. Auf der Onkologie hatte es eine Viererbelegung gegeben, keine Privatsphäre, ständig der Blick auf Leiden und Schmerzen anderer. Oder auch auf das Gegenteil: Sie erholten sich, wurden entlassen – und selber konnte man nicht heimgehen.

Kurz vor Weihnachten war es dann so weit: Der Umzug in eine Einrichtung für betreutes Wohnen stand ins Haus. Sein Zustand war so weit stabil, aber klar war – für uns alle, ausnahmslos –, eine Entlassung nach Hause war nicht möglich. Die Wohnräume waren nicht behindertengerecht, ich war tagsüber außer Haus und brauchte in der Nacht meinen Schlaf. Und das wie einen Bissen Brot. Den Oktober hatte ich im Krankenstand verbracht, krankgeschrieben zur Burnout-Prävention. In der ersten Zeit war ich nur dagesessen, ohne etwas zu tun. Ich hatte Wäsche gewaschen, aus der Maschine geräumt – und dann keine Energie mehr gefunden, sie aufzuhängen. Mein eigener Gesundheitszustand war alles andere als gut: hoher Blutdruck, ständig fing ich Infektionen ein, Schlafstörungen usw.

Es war nicht ganz einfach, einen passenden Ort für ihn zu finden. Ich musste in dieser Zeit oft lange, organisatorische Telefonate führen, wurde zurückgerufen, in meiner Arbeit unterbrochen. Das war sehr belastend, denn vor

Weihnachten ist in der Abteilung Religion das Arbeits-
aufkommen sehr hoch, schließlich muss ja das Feiertags-
programm gestaltet werden. Mitten im Vorbereiten einer
Sendung wurde ich dann herausgerissen, nach allen möglichen Details gefragt, zu kurzfristigen Terminen „gebeten",
musste für meine eigenen Fragen oft mühsam Ansprechpartner suchen, wurde weiter-, herum- und wieder zu-
rückverwiesen.

Wenn ich heute an diese Phase zurückdenke, dann würde ich sie unter dem Titel „Augen zu und durch" zusammenfassen. Einfühlsam und umsichtig begleitet von Hospizteam und Krebshilfe, verständnisvoll unterstützt sowohl
am Arbeitsplatz als auch im privaten Umfeld schaffte ich es
irgendwie, mich aufrecht zu halten, von einem Tag auf den
nächsten meinen Aufgaben nachzukommen.

Den Heiligen Abend verbrachte ich bei einer Chorfreundin, den Christtag in Rudis neuer Wohnung im Kolpinghaus. Er war so glücklich über den Balkon und die tolle Aussicht, die er hatte, hoch über Wien mit all den Lichtern ...

Dann hatte ich wieder einen Infekt. Den Rest der Weih-
nachtsferien verbrachte ich krank im Bett.

Rudis Gesundheitszustand verschlechterte sich. Er bekam in der Tagesklinik Chemotherapien, die er zunehmend
schlechter vertrug. Schließlich musste er vom betreuten
Wohnen auf die Pflegestation wechseln. Gemeinsam mit
der Hospizärztin erstellten wir eine Patientenverfügung,
in der ganz stark auf eine Priorität hingewiesen wurde: die
Linderung von Schmerzen und anderen Symptomen. Alles
darin Festgehaltene wurde übrigens vom ganz großartig ar-

beitenden Team im Kolpinghaus sehr ernst genommen und zu 100 % respektiert und umgesetzt.

Rudis 65. Geburtstag konnten wir noch im Clubraum des Kolpinghauses feiern, mein Bruder hatte zahllose Brötchen gemacht, der ganze Chor war da mit Liedern, Geschenken, einer Torte. Es war ein Abschiedsfest (das war allen klar) mit sehr traurigen, aber auch durchaus heiteren Momenten. Die Kinder unserer Chorleiterin brachten Fröhlichkeit und Lebendigkeit in das Geschehen, Erinnerungen wurden ausgetauscht.

Er hatte sich so auf das Fest gefreut, es mit so viel Engagement mitgefeiert, mitgesungen. Ich hatte den Eindruck, als hätte er darauf seine letzten Kräfte verwendet.

Knapp zwei Wochen später starb er. An einem Freitag, ganz früh am Morgen. Davon werde ich später noch ausführlicher erzählen.

Für mich war es ein Abschied, der sich lange angekündigt hatte. Den ich gefürchtet hatte, gegen den ich gekämpft hatte, den ich mir ausgemalt hatte – in der Hoffnung, irgendwie damit zurechtzukommen.

Als er dann da war, dieser Abschied, konnte ich zum Glück ja dazu sagen. Eine große Gnade, die längst nicht allen gewährt wird.

3.
Hilfe suchen

Ich habe das Ganze schon einmal durchgemacht. 1983 und 1984. Ich war ein Teenager, gerade dabei, das Gymnasium abzuschließen. Meine Mutter war dabei, gegen ihre Krebserkrankung zu kämpfen. Ende Mai 1984 ist sie gestorben. An dem Tag, an dem ich die Ergebnisse meiner schriftlichen Matura bekommen habe. Überall durchgekommen. Auch in Mathematik, meinem Angstgegenstand. Alle anderen Fächer waren gefahrlos.

Ich konnte es ihr noch sagen: „Positiv in Mathematik". „Das habe ich mir gedacht", hat sie geantwortet. Es waren ihre letzten Worte. Ein paar Stunden später war sie tot.

Die Zeit zuvor war geprägt gewesen von einem unbarmherzigen Auf und Ab, immer wieder Hoffnung schöpfen, immer wieder enttäuscht werden. Es war ein mühevoller, kräfteraubender Prozess. Ich habe ihn weitgehend auf mich allein gestellt durchlebt.

In meiner Familie fand ich wenig Rückhalt – wie denn auch? Alles war ins Wanken geraten, alle waren überfordert, hier konnte es gar nicht möglich sein, Halt und Geborgenheit zu finden.

Und außerhalb? Nun – außerhalb verlief das Leben wie immer. Alle waren beschäftigt mit ihren Dingen, Freundinnen und Klassenkameraden hatten andere Dinge im Kopf als tödliche Krankheiten. Führerscheine wurde gemacht, Zukunftspläne geschmiedet: studieren – wenn ja, was und wo – oder doch zuerst ein Jahr ins Ausland als Au-pair? Liebesgeschichten und Partys, Schulsorgen und Zores mit den Eltern – das übliche Programm halt ...

Einrichtungen wie die Krebshilfe oder das Hospizteam gab es damals nicht. Zumindest nicht in meiner Umgebung auf dem Land. Tatsächlich war es so, dass es nichts und niemanden gab, der für mich und meine Nöte da war. Mit zwei Ausnahmen: Ich hatte einen Brieffreund in England, Bill. Und eine Lehrerin, Elfi. Beiden konnte ich mich anvertrauen, beide gaben mir Wärme und stärkten mir den Rücken. Ich wüsste nicht, wie ich es ohne die beiden geschafft hätte.

Soweit meine Erfahrung.

Angesichts der erneuten Konfrontation mit dem Grauen war mir also klar, dass ich mir Hilfe suchen musste. So schnell es ging. Von Anfang an. Sofort. Jetzt.

Ich glaube, einer der größten Fehler besteht darin, zunächst alles alleine meistern zu wollen. Das geht schon. Ich bin doch stark. Andere schaffen das auch. Ich habe schon andere Krisen bewältigt. Und so weiter.

Ich würde dringend dazu raten, Gedanken wie diese so schnell wie möglich aufzugeben und nach Unterstützung zu suchen. So lang man sich noch stark und bei Kräften fühlt, geht das wesentlich leichter, ist es auch weniger problematisch, wenn es eine Absage gibt: Sommerpause. Keinen Platz in der Selbsterfahrungsgruppe. Der nächste Beratungstermin ist erst in ein paar Wochen frei. All das kann und wird geschehen. Wenn Sie warten, bis Sie nicht mehr können, und dann eine Absage bekommen (weil die Kapazitäten eben leider immer noch sehr beschränkt sind), dann kann das zu großen Schwierigkeiten führen. Wenn Sie in einer halbwegs guten Verfassung sind und hören, dass es erst in acht Wochen einen Termin gibt – nun, dann werden Sie das verkraften.

Außerdem ist es gut und gibt Sicherheit, von Anfang an kompetente Begleitung zu haben. Schließlich gilt es viele Fragen zu klären. Welche Schritte stehen jetzt schon an? Welche später? Welche Sorgen sind in den meisten Fällen unbegründet? Worauf sollte man achten? Was sollte man mit sich selber klären? Was mit der erkrankten Person? Was mit deren Umfeld?

Eine unheilbare, todbringende Erkrankung ist ein Phänomen auf verschiedenen Ebenen. Es ist gut, sich das so sachlich wie möglich vor Augen zu halten – und auf allen Ebenen Hilfe zu suchen.

Da ist natürlich die medizinische Komponente. Die emotionale, die gerade am Anfang vielleicht im Mittelpunkt steht. Die juristische: Da geht es vielleicht um den Nachlass, um Betreuungspflichten, um Arbeitsrechtliches, um Finanzielles (Kredite etwa). Es geht aber auch – und das wird vielfach übersehen oder zu wenig beachtet – um Organisatorisches. Was kann die betroffene Person selber machen? Was nicht (mehr)? Wer kann sich um diese Dinge kümmern? Jetzt – oder wenn es dann eben so weit ist? Sind dazu Vollmachten notwendig? Was soll unbedingt noch gemacht werden? Eine lang herbeigesehnte Reise etwa? Geht sich die noch aus? Soll die Wohnung behindertengerecht gestaltet werden, sodass man sich in Phasen körperlicher Schwäche auch im Rollstuhl darin bewegen kann?

Zahllose Fragen dieser Art werden auftauchen. Je nach Ausgangssituation und Krankheitsverlauf in die eine oder in die andere Richtung gehend. Es ist auf jeden Fall gut, vorausschauend vorzugehen, die Dinge nicht anstehen zu lassen, den richtigen Zeitpunkt zu erkennen. Dabei hilft kompetente Begleitung.

Wie habe ich es selber gemacht?

Ich habe umgehend meiner Chefin und meinen Kollegen Bescheid gesagt. Mein berufliches Umfeld war von Anfang an informiert. Ich habe dazu keine Alternative gesehen, ich wollte einfach, dass alle wissen, warum ich mit verweinten Augen oder sichtbar nicht ausgeschlafen ins Büro komme. Es wäre innerhalb kürzester Zeit aufgefallen, dass etwas nicht stimmt, Gerüchte wären entstanden, man hätte hinter meinem Rücken getuschelt. All das wollte ich unbedingt vermeiden. Und so habe ich einfach die Dinge klargestellt, gesagt, was Sache ist und wie die Perspektiven sind. Es ist keine Schande, einen krebskranken Angehörigen zu haben. Und es ist auch keine Schande zuzugeben, dass man sich in einer privaten Ausnahmesituation befindet. Zumindest für mich war es das nicht. Und ich habe wirklich gute Erfahrungen gemacht mit meinem Vorgehen.

Im Gespräch mit meiner Chefin wurden auch einige dienstliche Umschichtungen entworfen. Ich hatte damals das Bedürfnis nach höherer Flexibilität. Rückblickend muss ich sagen, dass diese in meinem Fall dann nicht so wichtig geworden ist, wie ich zunächst vermutet hatte. Dennoch war es ein gutes Gefühl zu wissen, dass im Fall des Falles diese Flexibilität gegeben ist.

Konkret bedeutete das, dass ich bestimmte Tätigkeiten aufgegeben und andere neu übernommen habe. Dinge, die sich im Notfall auch zu Hause im Homeoffice erledigen lassen. In meinem Fall war es die Entscheidung, einen Schritt weg vom tagesaktuellen Journalismus zu machen und mich mehr mit dem Redigieren von zugelieferten Texten für sogenannte Gedankensendungen zu beschäftigen. Ich bin froh und dankbar, dass wir in unserem Team diese Lösungen finden konnten. Mir hat es damals ein gutes Gefühl gegeben, zu wissen, ich kann ihn zu Arztbesuchen begleiten und mich dann eben am Abend hinsetzen, wenn er schon schläft, und ein Manuskript bearbeiten.

Vielleicht wird es in manchen Fällen sinnvoll sein, die Zahl der Arbeitsstunden zu reduzieren. Auch dann ist es günstig, so früh wie möglich Bescheid zu sagen, denn oft sind derartige Veränderungen nicht von heute auf morgen umsetzbar und haben einen langen Vorlauf. Ich möchte allerdings davor warnen, die eigene Berufstätigkeit allzu sehr hintanzustellen. Einerseits kann es sich finanziell auf längere Sicht äußerst negativ auswirken, auch was die Höhe der Pension angeht. Andererseits ist der Beruf auch eine Quelle von Erfolgserlebnissen, von Bestätigung und Sozialprestige. Feiern im Kollegenkreis, das Integriertsein in ein alltägliches Miteinander, das Entwickeln und Verfolgen von gemeinsamen Projekten ... All das wirkt sich positiv aus, lässt einen ganz unmittelbar erfahren, dass das Leben mehr zu bieten hat als Sorgen, Krankheit und Tod.

Manchmal ist in diesem Zusammenhang von „Ablenkung" die Rede. Damit hat es schon seine Richtigkeit, aber ich mag den Begriff nicht allzu sehr. Ablenkung ist für mich, wenn ich mir an einem sorgenvollen Tag im Kaffeehaus ein Stück Torte gönne oder mir bunte Illustrierte mit Geschichten über die Reichen und Schönen ansehe. Ja, ich gebe zu, ich mache das manchmal.

Im Zusammenhang mit Berufstätigkeit ziehe ich es vor, statt von „Ablenkung" von „Hinwendung" zu sprechen. Mein Leben hat verschiedene Facetten: Ich bin Partnerin, Mutter, Journalistin, Chormitglied, Freundin, Teil einer Tennispartie – und so weiter. An meinem Arbeitsplatz ist es nicht so, dass ich mich von meiner Privatmisere ablenke. Es ist so, dass ich mich meinem Beruf und seinen Aufgaben zuwende.

Mir war es zu Zeiten von Rudis Krankheit eine ganz entscheidende Stütze, diese Berufstätigkeit zu haben. Diese Zeiten der Normalität auch, in denen Themen jenseits von Krankheit und Trauer im Vordergrund gestanden sind. In denen ich in Sitzungen streiten oder lachen konnte, Interviews führen, Themen finden und aufbereiten – all das, was zu meinem Job gehört, für den ich mich vor vielen Jahren entschieden habe und den ich immer noch so liebe.

In diesem Bereich ließen sich die Dinge also, wie gesagt, recht gut regeln und dadurch wesentlich besser mit meinem schwierigen Privatleben vereinbaren. Ich weiß schon, dass ich da großes Glück hatte, dass es vielleicht nicht überall so gut funktioniert. Aber ich würde doch sehr dafür plädieren, es zumindest zu versuchen.

Der zweite Schritt bestand darin, das Internet nach Hilfsangeboten zu durchforsten. Mir hat das ein gutes Gefühl gegeben: das Gefühl, etwas zu unternehmen, konstruktive Weichenstellungen zu tätigen, nicht ohnmächtig dazusitzen wie das sprichwörtliche Kaninchen vor der Schlange, mein Leben auch in dieser Hinsicht selbst in die Hand zu nehmen.

Die gute Nachricht ist: Es gab noch nie so viele Hilfsangebote wie jetzt – bis hin zu moderierten Online-Foren. Die schlechte Nachricht ist: Was immer angeboten wird, es ist bei weitem nicht ausreichend, um den allgemein bestehenden Bedarf zu decken.

Nun, ich hatte Glück. (Übrigens für mich eine wichtige Erkenntnis: Man kann auch in Krisensituationen Glück haben!) Meine Kontaktaufnahme mit der Krebshilfe war erfolgreich, ich bekam einen Termin und das Angebot, psychologische Begleitung in Anspruch zu nehmen.

Die Gespräche mit der Psychologin erwiesen sich von der ersten Begegnung an als ausgesprochen hilfreich. Gleich zu Beginn eine sehr entlastende Wahrnehmung: Ich bin hier kein Alien, kein Wesen, das man mit einer Mischung aus Grauen und Faszination betrachtet angesichts der fürchterlichen Situation, die ich quasi verkörperte. Krebs ist hier sozusagen der Normalfall, niemand gerät aus der Fassung, wenn das vielfach so tabuisierte und angsteinflößende Wort fällt. Es ging recht nüchtern zu, so mein Eindruck – und das hat ausgesprochen gutgetan. Wir haben praktische Dinge besprochen: Was ist jetzt zu tun? Welche Fragen stellen sich? Wo und wie kann ich die Antworten finden, die ich brauche? Wie geht das eigentlich: auf mich schauen? Was bedeutet das in meinem konkreten Fall?

Oftmals bekommt man ja die (mehr oder weniger onkelhafte) Empfehlung: Schau auf dich! Aber was bedeutet das genau? Schau du auf dich, damit ich es nicht tun muss? Schau selber, wo du deine Energiequellen, deine Unterstützung findest? Nicht immer wird es so gemeint sein, denke ich mir jetzt, es ist halt eine Floskel, die ich selber auch schon vielfach verwendet habe. Trotzdem – manchmal kann schon der Verdacht aufkeimen, sie hat eine gewisse Persilschein-Funktion. Klingt so empathisch – und heißt eigentlich ... nichts.

Also: Wie geht das, auf sich selber schauen? Nun, das wird je nach Persönlichkeit sehr unterschiedlich sein. Manche finden vielleicht Halt im Kreis einer liebevollen Familie, haben enge Kontakte zu Eltern, Geschwistern, Schwiegereltern, erwachsenen und im Leben gut angekommenen Kindern. Für andere wird es vielleicht die körperliche Betätigung sein, die einen guten Ausgleich bietet. Einfach laufen, so lang, bis der Kopf leer ist. Manche werden in der Spiritualität Rückhalt finden.

In meinem Fall hat sich schnell herausgestellt: Es ist die Kreativität – das Schreiben, aber auch die Musik. Zwei Dinge, die mich auf höchst unterschiedliche Weise unterstützt haben. In den Gesangsstunden bin ich sehr schnell ins Hier und Jetzt gekommen, war auf meinen Körper konzentriert, meine Lehrerin, die Klänge, die Empfindungen, die Lust am Ausdruck. All das war ja da. All das ist – meiner Erfahrung nach – immer (auch) da. Es wird lediglich von anderen Faktoren (Sorgen, Trauer, Angst etc.) überlagert. Je mächtiger diese Faktoren sind, desto dringlicher gilt es, dieses Andere, Ausgleichende in sich zu suchen. Die eigenen Energiequellen freizulegen.

Das Zweite, das Schreiben, hat auf andere Weise funktioniert. Es hat mir nicht eine Auszeit von der schrecklichen Situation geboten, sondern es hat mir geholfen, sie besser zu verstehen, mich besser zu verstehen, Gefühle zu verarbeiten und aus mir herauszubringen.

Von Anfang an hat mich die Psychologin ermutigt, mich dabei unterstützt, diese kreativen Momente gezielt herbeizuführen, nicht auf sie zu vergessen, ihre Bedeutung schätzen zu lernen, sie in mein Leben einzubauen.

Auch über meine Achillesferse haben wir oft gesprochen: den fehlenden familiären Rückhalt. Angehörige, die ich als zu 100 % sicheres Netz betrachten kann, hatte und habe ich nicht. Ich komme nicht aus einer Familie der engen Bindungen.

Das zu erkennen, ist schmerzhaft. Andererseits ist es sinnvoll, diese Realität frühzeitig wahrzunehmen und zu akzeptieren, sich keine falschen Hoffnungen zu machen, die Umstände nicht schönzureden. In einem zweiten Schritt ist es dann nämlich möglich zu sagen: Gut – wo ist mein Netz? Was besteht an tragfähigen Bindungen? Wo kann ich bestehende Beziehungen vertiefen? Wer kann mir in welcher Situation beistehen?

Ich habe es immer wieder geradezu als Wunder erlebt, wie viele helfende Hände, offene Ohren und Schultern zum Anlehnen es gegeben hat. Da war der Chorkollege, der über Nacht mein Fahrrad repariert hat, als Rudi nicht mehr in der Lage dazu war. Da war der befreundete Jurist, der mit mir alle möglichen Papiere aus Rudis Nachlass durchgegangen ist. Da war die Freundin, die mit mir am Ball getanzt hat. Und da war die Chorkollegin, die mit mir einen Platz auf dem Friedhof für Rudis Grab gesucht hat.

Es waren viele Menschen. Jeder Einzelne hat einen kleinen Teil meiner Last auf seine Schultern genommen und mir beim Tragen geholfen. So war niemand überfordert. Jede(r) hat ja getan, was er (oder sie) gut kann. Ich hatte quasi einen Pool aus guten Geistern, auf den ich im Bedarfsfall zurückgreifen konnte. Eine ganz besondere Rolle dabei hat sicher unsere Chorgemeinschaft gespielt, die schon mehrfach unter Beweis gestellt hat, dass Zusammenhalt für sie kein leeres Wort ist. Und als ich mich zu Weihnachten bei einer Chorfreundin selber eingeladen habe (nicht ohne zuvor immer wieder aufgefordert worden zu sein: „Sag, wenn du was brauchst"), da war ich so froh über die herzliche Reaktion und das Wissen, den Heiligen Abend in angenehmer Gesellschaft verbringen zu dürfen, nicht allein, verlassen und traurig.

Es hat oft sehr viel Mut gebraucht, um Hilfe zu bitten. Begonnen habe ich mit kleineren Dingen, die weniger Überwindung gekostet haben. Als ich gesehen habe, dass mir die Unterstützung durchaus gewährt wird, dass meine Frage nicht als Zumutung empfunden wird, habe ich später auch gewagt, kompliziertere Anliegen zu formulieren.

Eines sei hier auch gesagt: Ja, es kommt vor, dass man eine Absage bekommt. Dass die gefragte Person keine Zeit hat oder keine Lust (was vielleicht nicht unbedingt freundlich ist, trotzdem aber zu 100 % legitim), dass sie nicht das leisten kann, was man sich von ihr erwartet hatte. Das ist frustrierend. Je nach Situation kann es kurzfristig Gefühle der Verzweiflung hervorrufen. Da ist eines ganz wichtig: nicht in die Verallgemeinerungsfalle tappen. „Wenn ich etwas will, werde ich immer zurückgewiesen." „Niemand ist bereit, mir zu helfen." „Nie bekomme ich das, was ich brauche." „Mich unterstützt niemand." Etc.

Die Gegenstrategie lautet: sachlich bleiben. Habe ich die falsche Person gefragt? Zum falschen Zeitpunkt? Am Freitagabend haben die Menschen ihr Wochenende in der Regel verplant. Da darf ich mich nicht wundern, wenn niemand Zeit für einen Spaziergang mit mir hat ... Habe ich die Dringlichkeit meines Anliegens deutlich genug gemacht? Gibt es andere Menschen, die ich fragen könnte? Wenn in dieser Situation wirklich niemand für mich da ist – welche Alternativen habe ich? Kann ich mir telefonisch Rat holen? Online? Kann ich mein Anliegen, für das ich jemanden brauche (Begleitung bei einem Amtsweg oder eine kompliziertere Besorgung), verschieben?

Bei mir war es so, dass die Menschen in meinem Umfeld durchaus hilfsbereit waren (und immer noch sind). Dennoch hat es immer wieder ein Nein gegeben. Das war nicht angenehm, aber ich habe mich bemüht, dem nicht zu viel Bedeutung beizumessen. Stattdessen habe ich zugesehen, dass ich anderswo die Unterstützung bekomme, die ich brauche. Ich habe mir im Laufe der Zeit ein immer größeres Netz an potenziellen Unterstützerinnen und Unterstützern geknüpft. Das hat den Vorteil, dass es viele verschiedene Ansprechpartner gibt, dass die Gefahr kleiner wird, eine bestimmte Person zu überfordern.

Auch ich selber habe übrigens nein gesagt: Wenn mir Hilfe angeboten wurde, die ich nicht gebraucht habe. Sich in einer Krisensituation zu befinden, ist eines – und tatsächlich kann es dazu kommen, dass man sich für sonst ganz selbstverständliche Dinge Unterstützung wünscht. Aber grundsätzlich geht die eigene Mündigkeit, die eigene Kompetenz ja nicht verloren. Das heißt: Es tut gut, das, was ansteht, auch selber erledigen zu können (wenn man sich stark genug dazu fühlt). Es vermittelt ein Gefühl von Handlungsfähigkeit und Erfolg. Für kontraproduktiv halte ich es, bei Hilfsangeboten nicht nein sagen zu können, weil man nicht unhöflich sein will. Es geht darum, selber zu entscheiden, wo Unterstützung erwünscht ist und wo sie nicht vonnöten ist.

Um das Ganze nicht zu beschönigen: Es ist auch vorgekommen, dass ich mir dringend Hilfe gewünscht hätte und sie nicht bekommen habe. Dass ich einfach niemanden erreicht habe. Das gab es. Das gibt es. Und es hat sich schrecklich angefühlt. Das waren die schwierigsten, dunkelsten Momente. Mein Gefühl hat mir gesagt: Das ist jetzt unbewältigbar. Bodenlose Verzweiflung.

Pure Hilflosigkeit. So schlimm es jetzt klingt: Dazu gibt es nicht viel zu sagen. Für mich sind das Augenblicke, die einfach durchlitten werden müssen – und die hoffentlich so kurz wie möglich sind. Für mich ist es das, was die Bibel mit dem Blut- und Wasser- Schwitzen Jesu auf dem Ölberg ausdrückt. Extremes Leid. Ohne dass sich ein gangbarer Weg abzeichnet. Am Abgrund stehen. Das pure Grauen. Und niemand ist erreichbar, ansprechbar. Die Bibel schreibt davon, dass Jesu Freunde in dieser Situation geschlafen haben.

Das Einzige, was ich an Ermutigendem dazu sagen kann: Diese Situationen gehen vorbei. Das mag nach einem schwachen Trost klingen – aber es ist eine reale Perspektive: Auch wenn es jetzt unbeschreiblich schrecklich ist, es wird nicht so bleiben.

Ich habe mit der Zeit gelernt, genau darauf zu vertrauen. Die Erfahrung hat mich gelehrt: Im Moment bist du allein, niemand steht dir bei. Aber das bleibt nicht so. Es gibt offene Ohren. Es gibt helfende Hände. In ein paar Stunden. Morgen. Vertrau darauf, dass diese Zeit des Niemanden-Erreichen-Könnens vergeht. Ich habe mir Sätze wie diese tatsächlich laut vorgesagt. Und ich habe – wenn auch vorerst ins Leere – meine Hilferufe abgesetzt. Whatsapp-Nachrichten geschrieben, E-Mails, Nachrichten hinterlassen. In dem Wissen, dass das in diesem Augenblick nichts ändert – aber dass es trotzdem etwas bewirkt.

Und was für eine unglaubliche Erleichterung es dann oft war, wenn das Telefon geläutet hat, der Rückruf gekommen ist, jemand zugehört, meine Not verstanden hat. Oft schon durch ein paar sachkundige Sätze schlimmste Befürchtungen zerstreuen konnte. Und wenn nicht – dann war jemand für mich da, ich war nicht mehr allein. Wie gut das getan hat!

Während ich diese Zeilen schreibe, denke ich vor allem an die unbeschreiblich engagierten Menschen des Caritas-Hospizteams. Wie ich das Ganze ohne ihre Unterstützung geschafft hätte – ich kann es mir beim besten Willen nicht vorstellen. Egal, worum es gegangen ist: seelische Nöte, medizinische Fragen, Organisatorisches, Fragen von: was steht an (bis hin zur Patientenverfügung), Vernetzung mit ehrenamtlichen „Buddys" ... Es war eine so facettenreiche und umsichtige Begleitung. Immer einfühlsam und sachkundig. Nie aufdringlich. Immer lösungsorientiert. Und nie, nie, nie habe ich den bösen Satz gehört: „Dafür bin ich nicht zuständig." Wenn ein Anliegen über den Bereich des Hospizteams hinausgegangen ist (und das ist vorgekommen), dann wurde die Antwort positiv formuliert: „Da können Sie sich an XY wenden, die sind dafür da, ich habe da die Telefonnummer."

Eigentlich seltsam, habe ich mir schon damals gedacht, in meiner Arbeit als Journalistin hatte ich speziell in meiner Anfangszeit immer wieder über die mobile Hospizarbeit berichtet. Aber als ich dann selber in der Situation war, wäre es mir selbst nicht eingefallen, mich an diese Adresse zu wenden. Ich wurde in einem Online-Trauerforum auf diese Idee gebracht. Und was wäre mir alles entgangen, wenn ich diese Unterstützung nicht gehabt hätte. Ich kann es nur wiederholen: Eine so patente, einfühlsame und auf wohltuende Weise sachorientierte und sachkundige Begleitung ist unbezahlbar.

Und wahrscheinlich weil das so ist, ist sie kostenfrei. Niemand hat je nach Vermögensverhältnissen, Sozialversicherungsnummer, Staatsbürgerschaft, Religionsbekenntnis – wonach auch immer gefragt. Es ist um unsere Bedürfnisse gegangen – Rudis und meine – sie haben die Richtung vorgegeben, die Agenda, die Punkt für Punkt behandelt wurde. Es mag pathetisch klingen, aber meine Dankbarkeit, dass das so sein durfte, ist grenzenlos!

Abschließend möchte ich hier noch über das Online-Forum schreiben, das mir ebenfalls Rückhalt geboten hat. Es war eigentlich eine berufliche Recherche, durch die ich das Forum „aspetos" entdeckt habe. Eine moderierte Plattform für Trauernde mit Sitz in Österreich. Ich habe damals gewissermaßen eine Sondergenehmigung bekommen und konnte beitreten, obwohl bei mir der Todesfall noch gar nicht eingetreten war.

Ich habe dort in der Zeit von Rudis Krankheit und auch nach seinem Tod viel geschrieben. Es hat mir gutgetan. Ich habe zum Teil sehr ermutigende Rückmeldungen bekommen, zum Teil aber auch Unverständnis geerntet und Verletzendes gelesen. Unterm Strich war das Forum hilfreich für mich, obwohl ich auf manches durchaus hätte verzichten können.

Was ich damit sagen möchte? Auch Online-Communities können hilfreich sein. Es ist wie im wirklichen Leben: Man trifft auf die unterschiedlichsten Personen. Es gilt hier wie dort, gut auszuwählen, wem man vertraut bzw. wen man ernst nimmt. Als ergänzendes Angebot habe ich das Forum durchaus geschätzt.

Fazit: Es gibt Hilfe. Sie ist nicht immer leicht zu finden. Aber es lohnt sich, danach zu suchen: je früher, desto besser. Der Weg ist auch so schwer genug – gestehen Sie es sich zu, ihn nicht allein zu gehen. Es ist kein Armutszeugnis, sondern ein Zeichen von Weitsicht, Unterstützung in Anspruch zu nehmen.

4.
Schwierige Gefühle

„Gefühle sind nicht gut oder schlecht – sie sind einfach da." Diesen Satz habe ich so oft gehört und gelesen, in Ratgeberbüchern, von psychologisch kundigen Menschen, erfahrenen Seelsorgerinnen und Seelsorgern. Sie sagen es voller Überzeugung und es klingt ja auch logisch. Diese Gefühle treten auf, werden durch irgendeinen – oft unbewusst aufgenommenen – Reiz ausgelöst, überkommen einen nachts in Träumen (da hat man ja überhaupt keinen Einfluss darauf) – Gefühle sind eine Naturgewalt.

So weit, so klar. Und dennoch, in der konkreten Situation ist alles dann doch ganz anders.

Während Rudis Krankheit war mein schwierigstes Gefühl die immer wiederkehrende Wut. Es fällt mir jetzt nicht leicht, das zu schreiben, aber ich möchte ehrlich sein. Und ehrlicherweise muss ich sagen, dass es so war.

Viele hatten kein Verständnis dafür. Wenn man auf einen Menschen, der unter einer tödlichen Krankheit leidet, wütend ist – dann macht man sich damit nicht unbedingt Freunde. Man müsste doch Mitleid haben mit dem Kranken, ihn unterstützen, für ihn da sein. Wie kann eine liebende Frau in so einer Situation wütend sein? Heulendes Elend,

Verzweiflung – das wäre mir ohne weiteres zugestanden worden, da hätte man mich getröstet. Aber Wut?

Vor allem im Online-Trauerforum, wo ich meine Gefühle zunächst recht offen ausgedrückt hatte, ist man recht hart mit mir ins Gericht gegangen: eine für mich sehr schmerzhafte Erfahrung (hatte ich doch gedacht, wir säßen alle im selben Boot und seien deshalb solidarisch). In der Folge bin ich dann vorsichtiger geworden und habe sehr bewusst ausgewählt, wem gegenüber ich mich wie weit öffne.

Also – die Wut ...

Sie war einfach da und für mich auch ebenso logisch erklärbar wie legitim: Er war nie, nie, nie zu einer Vorsorgeuntersuchung gegangen. Ein Verhalten, das mir immer schon Angst gemacht hatte. Ich kannte und kenne es von mir selber ganz anders, da gibt es regelmäßig Termine beim Zahnarzt, bei der Mammographie, bei der Hautärztin, da werden Blutbilder gemacht und Blutdruckprotokolle geführt – und jede winzige Abweichung von der Norm lässt die Alarmglocken läuten. So war und ist es bei mir.

Er hingegen hat da immer eine große Gelassenheit an den Tag gelegt. Es werde schon alles in Ordnung sein. Er fühle sich wohl. Kleine Zipperlein kämen eben mit dem Älterwerden. Das sei alles ganz normal.

Ich habe ihn immer wieder darauf angesprochen, zuletzt regelrecht bekniet, zum Arzt zu gehen. Er hat nie auf mich gehört, meine Argumente weggewischt. Was ich als sehr ungerecht empfunden habe. Ich war machtlos und habe zunehmend unter dieser Ohnmacht gelitten. Auch als schon deutlich merkbare Symptome auftraten, es unübersehbar war, dass da etwas nicht stimmte, dauerte es noch acht Monate, bis er dann tatsächlich zum Arzt gegangen ist. Und dann bekam er schließlich, nach einer quälenden Zeit des Wartens, die niederschmetternde Diagnose. Da hatte der Krebs schon gestreut, eine Heilung war somit ausgeschlossen.

Es machte mich einfach rasend! Wie hatte er das sich selber und mir antun können! Durch seine Sorglosigkeit, sein Weghören war so viel wertvolle Zeit vergangen. Früherkennung ist bei Krebs das Um und Auf. Für Prostatakrebs gilt das in besonderem Ausmaß. Wird der Tumor rechtzeitig entdeckt, gibt es ausgezeichnete Chancen auf Heilung. Diese Chance hatte er (in meinen Augen) verspielt. Was sich bei rechtzeitigem Erkennen durch eine Operation durchaus hätte bereinigen lassen, war nun zum Todesurteil geworden. Zum Todesurteil für ihn und damit auch zum Todesurteil für unsere Beziehung. Ich war existenziell betroffen von seiner Entscheidung, die Dinge einfach schleifen zu lassen. Er hat mir dabei nicht das geringste Mitspracherecht eingeräumt – und doch musste ich die daraus erwachsenden Konsequenzen zu 100 % mittragen. Wenn auch in anderer Weise als er.

So habe ich es erlebt. So erkläre ich mir bis heute diese mächtige Wut, die mich damals immer wieder überfallen hat.

Ich habe versucht, mit ihm darüber zu reden. Ich wollte ihm erklären, was in mir vorging. Als sensibler Mensch hat er ja gespürt, dass da starke, unangenehme Gefühle in mir waren. Ich wollte ihm die Zusammenhänge deutlich machen. Vielleicht auch von ihm hören, was ihn zu seiner (aus meiner Sicht) Nachlässigkeit bewogen hatte. Ich wollte mich mit ihm austauschen, so vielleicht selber besser verstehen – und auch besser verstanden werden.

Es war nicht möglich. Ich hatte das Gefühl, ständig auf Granit zu beißen. Und das umso mehr, je intensiver ich mich um einen Austausch bemühte. Ich fühlte mich wie in einem Käfig gefangen, gegen dessen Gitterstäbe ich ständig mit voller Wucht anrannte.

Eine erste Erleichterung war für mich dann die Bemerkung meiner Psychologin bei der Krebshilfe: Trauer hat viele Gesichter. Es müssen nicht immer die Tränen in Strömen fließen – auch andere Gefühle können Ausdruck von Trauer sein. Sie hat nicht versucht, meine Gefühle zu manipulieren, sie hat sie benannt, anerkannt – und mir ein Stück weit geholfen, sie einzuordnen. So war es mir in einem ersten Schritt selber möglich, diese Wut besser akzeptieren zu können. Eben als Ausdruck von Trauer um diese zu Ende gehende Beziehung.

In der Folge habe ich mich gezielt an Menschen gewandt, von denen ich das Gefühl hatte, sie stehen auf meiner Seite, sie sind offen genug, zumindest versuchsweise die Dinge aus meiner Perspektive zu sehen.

Ich habe dann öfters zu hören bekommen: Ja, so wie du das beschreibst, verstehe ich deine Wut. Auch wenn es an der Situation nichts geändert hat, so hat das doch sehr gut getan. Allein die Erfahrung, dass meine Gefühle angehört wurden, Platz hatten und für manche Menschen grundsätzlich nachvollziehbar waren, war eine wesentliche Entlastung.

An einem Abend im Frühling, als ich mich wieder einmal sehr wütend und unverstanden fühlte, rief ich eine Schulfreundin an. Sie hörte mir zu, war sehr empathisch – und hatte schließlich einen Vorschlag: „Mein Mann ist Coach", sagte sie, „ich habe schon oft erlebt, dass er Leuten geholfen hat, von ihrem emotionalen Karussell, das sich immer schneller um dasselbe dreht, herunterzukommen."

Ich war einfach nur perplex. Es hat mich sehr berührt zu spüren, dass da jemand meine Not erkannt hat und mir helfen wollte, einen Ausweg zu finden. Und die Perspektive, aus diesem Teufelskreis tatsächlich aussteigen zu können, war eine große Entlastung. Denn so sehr ich das Gefühl hatte, diese Wut gehöre zu mir, sie sei berechtigt und ich will sie mir nicht ausreden lassen – so sehr zehrte sie auch an meinen Kräften. Viel zu viel Energie floss in die Intensität, mit der ich sie einerseits aufrecht erhielt und andererseits zu bekämpfen suchte. Ich wollte diese Energie für anderes zur Verfügung haben. Und das ist in der Folge dann auch tatsächlich gelungen – auf für mich geradezu wundersame Art und Weise.

Kurz gesagt: Die Gespräche mit dem Coach haben mir ermöglicht, das größere Ganze zu sehen. Er hat mir lange zugehört, als ich ihm von früheren Krisen erzählt habe – und dann hat er mich ganz aus- und eindrücklich darauf aufmerksam gemacht, wie viele charakterliche Ressourcen zur Bewältigung ich damals gehabt hatte. Und er machte mir klar, dass mir genau diese Eigenschaften (zum Beispiel eine stark ausgeprägte Selbständigkeit) auch jetzt zur Verfügung standen. Was für mich normal war, nämlich die Fähigkeit, mit Problemen zurechtzukommen (was sollte ich denn sonst tun), hat er mir sehr deutlich als Kraftquelle aufgezeigt.

Und plötzlich war da mehr da als nur meine Wut. Sie war zwar nicht verschwunden, aber in meiner Wahrnehmung nur noch ein Teil eines viel größeren Gefüges. Das zu verstehen, hat mir sehr gut getan und mein Erleben nachhaltig zum Positiven verändert.

Ein anderes schwieriges Gefühl war die Angst. Das war für Außenstehende leichter zu verstehen, darüber konnte ich offener reden. Allerdings waren die Antworten oft recht unbefriedigend. „Mach dir nicht allzu viele Sorgen." „Das wird schon werden." „Du schaffst das, du wirst sehen."

Ja – natürlich. Aus heutiger Sicht betrachtet muss ich sagen – stimmt. Alles zutreffend. Es war auch von den Leuten gut gemeint – aber damals hat es gar nicht geholfen.

Geholfen hat mir der analytische Blick der Psychologin: Was genau ist beängstigend? Die Perspektive, allein zu sein? Das Wissen, in Haus und Garten vieles nicht allein erledigen zu können? Die Sorge, aus dem Trauertal nicht mehr herauszufinden? Den Verlust nicht bewältigen zu können? Die Befürchtung, als Frau in meinem Alter nicht mehr attraktiv zu sein? Eine Frage, die in aufrechter Partnerschaft ja meist weniger drängend ist …

Diese große, undefinierte Angst bekam auf diese Weise so etwas wie eine Struktur. Ich konnte Pläne machen, Vorkehrungen treffen. Ich habe im Internet recherchiert, welche Handwerker in der Umgebung für den Fall des Falles ansprechbar wären. Ich habe mir im Laufe der Wochen und Monate ein Netzwerk an Unterstützerinnen und Unterstützern geschaffen. In manchen Dingen hab ich auch die Erfahrung gemacht, dass ich selber kompetenter war als vermutet. Den verstopften Abfluss habe ich selber wieder frei bekommen. Und mit der Zeit habe ich auch gelernt, damit zurechtzukommen, wenn in seelischen oder organisatorischen Krisen nicht sofort jemand als Ansprechpartner zur Verfügung gestanden ist.

Im Laufe der Zeit machte ich immer wieder die Erfahrung: Die Probleme, die gerade anstehen, lassen sich lösen, wenn ich von mir aus aktiv werde. Wenn ich meine Anliegen benennen und an der richtigen Adresse deponieren kann, dann gibt es Antwort. Dann gibt es Hilfe.

Die wohl wesentlichste Erkenntnis aus dieser Zeit ist für mich nach wie vor (obwohl es auf den ersten Blick wohl schrecklich banal wirkt): Trauer hat viele Gesichter.

Was ich damit meine? Nun, es ist ein weit verbreiteter Irrglaube anzunehmen, jemand, der trauert (um eine zu Ende gehende oder zu Ende gegangene Beziehung), müsste vorrangig Gefühle von Weinerlichkeit, von Traurigsein, von Wehmut oder Sehnsucht nach dem Vergangenen erleben. So KANN Trauer in Erscheinung treten, und wenn sie das tut, wird sie in der Regel auch als solche erkannt. Aber in Trauerprozessen spielen eben auch andere Gefühle eine Rolle: Wut und Angst, wie in meinem Fall, Enttäuschung, Selbstzweifel – was auch immer. Werden diese Gefühle als Teil des Trauerprozesses erkannt, ist es leichter, mit ihnen zurechtzukommen.

Man erspart sich das quälende Grübeln, warum das gerade jetzt auftaucht. Warum man beispielsweise wütend ist, obwohl man doch eigentlich um den Verlust weinen sollte. Für mich war es ab dem Augenblick einfacher, als ich mir angesichts von schwierigen Gefühlen quasi standardmäßig die Frage gestellt habe: Ist das jetzt wieder eine Erscheinungsform von Trauer?

Sie schien immer neue Gesichter zu haben, zum Beispiel auch heftige Gewissensbisse meinerseits: Was habe ich ihm an Gutem vorenthalten in unserer Beziehung? Wo hätte ich toleranter sein sollen? Wo mehr Verständnis haben? Für vieles war es einfach zu spät. Es war nicht mehr möglich, manche Dinge gutzumachen. Dort, wo ich schuldig geworden war, die Dinge wieder ins Lot zu bringen. Ich musste mich damit versöhnen, dass ich das nun nicht mehr ändern konnte.

Erleichternd wäre dann der Gedanke: Ich habe getan, was ich tun konnte. Es ist nicht besser gegangen. Aber – seien wir ehrlich – wir tun nicht immer das, was wir tun können. Auch nicht für Menschen, die wir lieben. Bequemlichkeit, verletzter Stolz, das Bedürfnis, es dem anderen zurückzuzahlen – es gibt sehr viele Gründe, das Gute zu unterlassen. Und es tut sehr weh, sich einzugestehen, dass man genau das gemacht hat.

Gespräche mit dem erkrankten Partner können da helfen. Vielleicht hat er das gar nicht als so schmerzhaft empfunden? Und wenn – vielleicht hat er es längst stillschweigend verziehen? So wie man ja auch selber vieles ohne große Worte vergeben hat. Gläubigen Menschen könnte auch ein gutes und einfühlsames seelsorgliches Gespräch helfen, vielleicht auch im Rahmen der Beichte. Die Lossprechung glaubhaft zugesagt zu bekommen, die Verheißung, dass auch jetzt noch ein neuer Anfang möglich ist – wie immer der konkret aussehen mag –, das kann wunderbar entlastend sein.

Grundsätzlich wird es wohl darum gehen, ein entsprechendes Selbstbewusstsein auch und gerade angesichts von irreversibler Schuld zu entwickeln. Ja, das bin auch ich. Ja, das gehört zu meinem Leben. Und zwar nicht, weil ich besonders sündig oder böse bin – sondern weil das zur menschlichen Natur gehört: aneinander schuldig zu werden. Weil es eine Illusion ist, man könnte aus dieser „conditio humana" heraustreten. Wer ohne Schuld ist, der werfe den ersten Stein ... Moses hat einen Menschen getötet – und war doch auserwählt, das Volk aus der Sklaverei in die Freiheit zu führen. Schuldig zu werden, gehört zum Menschsein. Das anzuerkennen, bedeutet für mich Demut (im besten Sinn des Wortes). Wenn ich die eigene Schuld betrachten kann, den Schmerz darüber ehrlich erleiden, ohne ihm auszuweichen oder ihn kleinzureden – dann werde ich letztlich auch leichter damit umgehen können, dass andere an mir schuldig geworden sind. Dann werde ich leichter verzeihen können – weil auch ich darauf angewiesen bin, dass mir verziehen wird. Dann kann Schuld sogar zu etwas werden, das etwas Verbindendes darstellt – und nicht etwas Trennendes.

Warnen möchte ich vor dem Versuch, in der allerletzten Lebensphase noch einmal auf Biegen und Brechen alles gutmachen zu wollen. Vertane Chancen sind vertane Chancen. Wer glaubt, das alles ausgleichen zu müssen, wird sich selber gnadenlos überfordern – und das in einer Situation, die ohnedies schon ausgesprochen kräfteraubend ist. Aber auch der erkrankte Partner wird in dieser Situation wohl ganz andere Anliegen haben, als schnell noch das immer wieder aufgeschobene, gemeinsame Tanzseminar miteinander zu absolvieren. Seien Sie selbstbewusst: Ja – es hat Versäumnisse gegeben, ja – Sie haben Fehler gemacht. Wie jeder andere Mensch auch. Das ist eine schmerzhafte Erkenntnis. Aber in der Regel sind wir selber unsere schärfsten Kritiker. Im Christentum (und nicht nur dort) wird den Menschen göttliche Barmherzigkeit zugesagt. Versuchen wir also, auch selber barmherzig mit uns zu sein. Durchaus im Sinne einer spirituellen Übung – die uns auch im Umgang mit anderen barmherziger macht. So kann die Erfahrung, selber schuldig geworden zu sein, in etwas Fruchtbares gewandelt werden.

5.
Krisen meistern

Ich vergleiche sie gern mit Raubtieren, die einen aus dem Hinterhalt anspringen: Krisen. Meiner Erfahrung nach ist es am schwersten, mit ihnen zurechtzukommen, wenn sie plötzlich – wie aus dem Nichts – auftauchen.

Potenziell herausfordernde Situationen – Weihnachten mit einem schwer kranken Menschen etwa, Geburtstag, Hochzeitstag, eine aktuelle Befundbesprechung –, darauf kann man sich vorbereiten. Zumindest, wenn man jemand wie ich ist, ein Mensch, der nicht gerne etwas dem Zufall überlässt, der sich ein Sicherheitsnetz knüpft – wenn klar ist, dass das vielleicht gebraucht wird. Aber was ist mit all den anderen Tagen? Alles kann immer passieren: eine plötzliche Verschlechterung des Gesundheitszustandes, ein böser Streit, unerwartete Probleme am Arbeitsplatz oder mit einem Familienmitglied, das die Situation nicht mehr erträgt ...

Es kann so viel Unvorhergesehenes geschehen. Und meistens, wenn das der Fall ist, hat man das Gefühl, es passiert genau im ungeeignetsten Moment. Das ist auch in der Tat so, denn jeder Moment ist ungeeignet für Krisen. Treten sie am Wochenende ein, heißt es sofort: typisch, jetzt, kein vertrauter Arzt erreichbar, Unterstützer wie Krebshilfe oder Hospizteam sind erst am Montag wieder ansprechbar. Bricht die Krise während der Woche aus, ist man in der Regel beruflich gefordert und hat kaum Freiraum, auf die akute Notlage zu reagieren. Ist es Nacht, raubt sie einem den Schlaf, man ist am folgenden Tag (wenn es endlich möglich ist, eine Lösung in Angriff nehmen) einfach nur gerädert und dadurch emotional noch verletzlicher.

Mit anderen Worten: Für eine Krise ist immer der falsche Augenblick. Einerseits. Andererseits ist klar: Krisen werden eintreten. Damit zu hadern „warum gerade jetzt", ist müßig. Ebenso wie die Frage: „Warum gerade ich?" Ja, natürlich, es fühlt sich ungerecht an. Es ist ungerecht. Kolleginnen oder Freunde schmieden Urlaubspläne und ich sitze hier in der onkologischen Ambulanz, oft ein stundenlanges Warten, voller Angst. Entsetzlich.

Warum gerade ich? Diese Frage impliziert: Allen anderen geht es besser als mir, ich bin die Einzige, die so leiden muss. Aber stimmt das wirklich?

Im Moment vielleicht schon. Aber Tatsache ist, dass so gut wie alle dunkle und ganz dunkle Lebenssituationen zu durchleiden haben. Manche öfter, manche seltener. Manche leiden für alle sichtbar, bei anderen fällt es nach außen kaum auf. Aber Tatsache ist, dass Abschied, Krankheit, Sterben und das machtlose Hinnehmen-Müssen zum Leben gehören. Das mag banal klingen, aber ich selber habe es mir immer wieder vor Augen gehalten: Es gehört zum Leben dazu. Und es passiert nicht nur in meinem Leben, sondern selbstverständlich auch im Leben der anderen. Nur da nehme ich es weniger wahr.

Ich habe es geschafft, die beiden Fragen „warum gerade jetzt" und „warum gerade ich/wir" nicht weiter zu verfolgen. Und ich bin sehr froh darüber, weil ich vermute, dass ich mich daran nur sinnloserweise aufgerieben hätte. Und das wäre das Letzte gewesen, was ich in dieser Situation gebraucht hätte. Für mich war es eine Art Selbstschutz, nicht der Versuchung zu erliegen, mich in diese Fragen zu vertiefen und dabei auszubluten.

Ich möchte im Folgenden ein paar Krisen beschreiben, die im Laufe von Rudis Erkrankung eingetreten sind. Ich tue das in dem Wissen, dass Krisen einerseits sehr individuell sind, dass sie also in jedem Fall etwas anders aussehen, je nach konkreter Situation. Und doch denke ich, dass es in gewisser Weise „Klassiker" sind, dass Ähnliches in vielen Krankheits- und Abschiedsgeschichten vorkommt – und dass es auch hier Spielräume gibt, Möglichkeiten, mehr oder weniger konstruktiv damit umzugehen.

Die erste Krise, die ich beschreiben möchte, ist eine Gesundheitskrise – und zwar sozusagen eine doppelte, weil auch ich mit akuten Symptomen zum Arzt musste.

Es war in der Karwoche. Bei manchen Yogaübungen im Liegen hatte ich seit Tagen schon einen brennenden Schmerz in der Steißbeingegend verspürt. Als er am Mittwoch vor Ostern noch stärker geworden war, betastete ich die Haut in der betreffenden Region und spürte eine Erhöhung. Ich bat Rudi, die Stelle mit dem Handy zu fotografieren und sah dann auf dem Display ein Bild mit einer Rötung und Bläschen. Zuordnen konnte ich das nicht, ich habe ja keine medizinischen Fachkenntnisse, aber ich begann, den

Begriff „Gürtelrose" zu googeln. Nicht von ungefähr, denn mein Vater hatte auf den Tod meiner Mutter genau damit reagiert, mit einer Gürtelrose. Die so hartnäckig war, dass er deshalb ins Krankenhaus musste.

Nun, die Bilder aus dem Internet hatten durchaus eine Ähnlichkeit mit dem Handyfoto meines Rückens, und so beschloss ich, das am kommenden Tag untersuchen zu lassen.

Nur: wann und wo? Mein Hautarzt hatte in der Karwoche Urlaub. Ich selber hatte noch einiges für das Ö1-Feiertagsprogramm zu Ostern fertigzumachen. Im Büro angekommen, rief ich zwei Hautambulanzen in Wiener Spitälern an. Beide Male zunächst lange Warteschleifen. In der ersten wurde ich von einer Mitarbeiterin angeherrscht, ich solle sofort kommen. Als ich einwandte, ich hätte noch etwas dringendes Dienstliches zu erledigen, wurde der Ton noch unfreundlicher: Wer Verdacht auf Gürtelrose habe, gehöre zum Arzt, unverzüglich, Arbeit hin oder her – ich solle sofort kommen oder es bleiben lassen, wenn ich mir nicht helfen lassen wolle.

Also: aufgelegt. Wer will schon in eine Ambulanz gehen, in der so ein Ton herrscht?

In der zweiten war die Frau am Telefon wesentlich freundlicher. Allerdings war die Ambulanz sehr, sehr voll, weil viele Hautärzte im Urlaub waren, mit einer langen Wartezeit wäre zu rechen. Ob es nicht eine andere Möglichkeit für mich gebe, fragte mich die Dame am Telefon. Wenn nicht, solle ich mich noch einmal melden.

Inzwischen den Tränen nahe, beschloss ich, meine Chefin zu informieren. Dass ich eventuell ein, zwei Stunden wegmüsste, dass ich vielleicht die eine oder andere Aufgabe nicht erledigen könnte. Sie hat zum Glück sehr einfühlsam reagiert (was in Zeiten der Endfertigung des Feiertagsprogrammes keine Selbstverständlichkeit ist) und mir die Telefonnummer ihres Hautarztes gegeben. Dessen Ordination war nicht nur in der Nähe unserer Redaktion, sondern auch offen. Dort dann die wirklich nette Reaktion: „Erledigen Sie noch, was Sie unbedingt erledigen müssen, und dann kommen Sie her. Wir haben heute bis 14 Uhr offen."

Nicht genug damit, kam ich dort dann auch wirklich schnell an die Reihe – und meine Ängste wurden zum Glück zerstört. Es sehe zwar so ähnlich aus wie Gürtelrose, sei aber keine. Es handle sich um Herpes simplex, etwas viel Harmloseres also. Aller Wahrscheinlichkeit nach stressbedingt. Und mit einem Rezept (Tabletten und Salbe) verließ ich die Ordination. Unendlich dankbar und ebenso erleichtert.

Den Abend verbrachten wir beide, Rudi und ich, bei einer Bekannten, die jedes Jahr am Gründonnerstag ein kleines Fest macht. Heitere Stimmung, alles geklärt. Angenehme Gespräche. Ostern kann kommen – dachte ich.

Von der Arbeit aus rief ich am nächsten Tag Rudi an, und er klang sehr müde. Das Fest dachte ich, das hat ihn wohl viel Energie gekostet.

Bei meinem nächsten Anruf, wenige Stunden später, klang er noch viel schwächer, ganz leise und irgendwie weit weg. Er habe solche Schmerzen im linken Oberschenkel, sagte er, er könne sich nur unter größten Mühen bewegen.

Die metastasenbedingten Schmerzen im Bein waren zu dem Zeitpunkt schon lange ein Problem. Im Grunde also nichts Neues, und doch war ich alarmiert: So hatte seine Stimme noch nie geklungen, so dünn und völlig kraftlos.

Zu Hause fand ich ihn dann im Bett liegend vor, sehr blass, mit dunklen Schatten unter den Augen, sehr müde. Als ich ihm anbot, den Notarzt zu holen, wehrte er sich vehement: „Das wird schon wieder. Ich brauche nur Schlaf. Ich nehme dann noch eine Tablette. Ich habe ja Schmerzmittel hier, wir wissen ja, wovon die Schmerzen kommen. Der Arzt kann ja auch nichts anderes tun, als mir Schmerzmittel geben."

Ich fand, dass er nicht ganz unrecht hatte. Er nahm seine Tablette, es schien ihm etwas besser zu gehen. Ich beschloss, dass es wohl wirklich das Beste war abzuwarten.

Das war der Karfreitag.

Am Karsamstag war die Lage im Grunde dieselbe. Schmerzen. Schwäche. „Ich brauche keinen Notarzt." Aufstehen konnte er nicht.

So ging ich irgendwann einkaufen, es standen ja Feiertage bevor, und rief unterwegs den Obmann unseres Gesangsvereins an. Eigentlich hätten wir bei der Auferstehungsfeier am Abend im Chor mitsingen sollen. Aber daran war in keiner Weise zu denken. Rudi kam nicht aus dem Bett – und ich konnte und wollte ihn nicht allein lassen.

Das Gespräch tat mir gut. Endlich konnte ich Angst, Sorge und Ratlosigkeit mit jemandem teilen, hörte mir jemand zu. Da erst merkte ich, wie sehr mich die Situation belastet hatte. Er war einfühlsam. Er hatte ein offenes Ohr. Und eine klare Botschaft: „Ruf die Rettung an. Wenn er nicht will, dann ohne seine Zustimmung. Warten ist fahrlässig. Es muss etwas geschehen."

Zurück vom Einkaufen konnte ich Rudi schließlich doch überzeugen.

Ich rief die Rettung an und musste zunächst einmal Fragen beantworten. Ob der Patient atme? Ob er bei Bewusstsein sei? Ob er orientiert sei? Ich erklärte die Sachlage, Krebserkrankung im fortgeschrittenen Stadium und so weiter. Sehr sachlich alles ... Schließlich konnte ich keine Auskunft mehr geben. Über seine Medikamente und deren Dosierung wusste ich nicht ausreichend Bescheid und so führte er schließlich das Telefonat weiter und zu Ende. Mit dem Ergebnis: Ein Rettungswagen werde geschickt, aber es könne etwas dauern.

Als die Sanitäter, zwei freundliche junge Männer, dann da waren, erneute Fragen nach den behandelnden Ärzten, dem Krankenhaus, den Medikamenten und dann schließlich, etwas irritierend: „Wir nehmen Sie schon mit, aber sind Sie sicher, dass Sie mitfahren wollen?" Wir waren verwundert, sprachlos fürs Erste, da klärten sie uns auf: Es sei Einschätzungssache des Krankenhauses, ob dort unbekannte Schmerzpatienten behandelt würden oder nicht. Rudis Krankenhaus war in Wien, aber da wir 20 Kilometer außerhalb wohnten, müssten sie ihn in ein niederösterreichisches Spital bringen. Und dort sei es schon vorgekommen, dass unbekannte Patienten wieder nach Hause geschickt worden seien mit der Begründung, hier liege der Verdacht nahe, dass sich jemand Schmerzmittel erschleichen wolle. Morphine, Opiate – in der Tat sind das ja Präparate, die Abhängigkeit hervorrufen können.

Nach einer längeren Beratung schließlich die Entscheidung: Er fährt mit der Rettung ins Krankenhaus, ich bleibe zu Hause und bereite das geplante Feiertagsessen zu. Darauf hatten wir uns schon seit längerem gefreut.

Später telefonierten wir. Ergebnis: Er hatte eine Infusion bekommen und ein Rezept für zusätzliche Schmerztabletten. Er war gerade auf dem Heimweg. Mit öffentlichen Verkehrsmitteln. Ein Krankentransport wurde ihm nicht gegönnt. Man ließ ihn einfach gehen.

Nach seiner Heimkehr aßen wir dann gemeinsam unser Ostermahl. Am Tag darauf gingen wir ins Kino. Die oberflächliche Normalität war fürs Erste wieder hergestellt. Es sollte sein letzter Kinobesuch sein – aber das wussten wir beide zu diesem Zeitpunkt noch nicht. Am Dienstag nach Ostern suchte er sein Krankenhaus in Wien auf. Wieder eine Infusion. Die Schmerzbehandlung wurde fortgesetzt.

Die zweite Krise, die ich hier beschreiben möchte, ist eine emotionale. Gerade in Krisenzeiten liegen die Nerven blank, man wird dünnhäutig, reagiert irrational. In Phasen des Ausnahmezustandes ist man nicht man selbst – im wahrsten Sinne des Wortes. Menschen benehmen sich, wie sie es unter normalen Umständen nie tun würden. Das gilt für einen selber, und das gilt auch für die erkrankte Person.

Ganz konkret habe ich das an einem sonnigen Nachmittag im Oktober wahrgenommen. Der Bus war voll, alle gut gelaunt. Unser Chor machte seinen Jahresausflug, diesmal ging es nach Gutenstein. Am Vormittag ein Gottesdienst, dann ein gutes Mittagessen, danach ein Spaziergang und ein Besuch in einem kleinen Heimatmuseum. Immer wieder war unser Vereinsobmann an mich herangetreten, ob nun ein guter Zeitpunkt sei – der Plan war, Rudi per Telefon ein gemeinsames Ständchen zu singen und so etwas Freude in sein Krankenzimmer im Spital zu bringen.

Ich hatte zwischendurch immer wieder versucht, Rudi zu erreichen, aber er hatte nie abgehoben. Ich war verwirrt. Es war Sonntag, es standen keine besonderen Behandlungen an. Bei meinem Besuch am Vortag war er in ganz guter Verfassung gewesen, keine besondere Schwäche oder Müdigkeit. Hatte es einen Notfall gegeben? Und was sollte ich dem Vereinsobmann sagen? So wechselte ich emotional zwischen Besorgnis und Gefühlen der Peinlichkeit hin und her, konnte den Ausflug nicht mehr wirklich genießen, wurde zunehmend ratloser. Schließlich sagte ich die Idee mit dem Ständchen ab, sehr zur Enttäuschung der Sängerinnen und Sänger. Sie hatten es so gut gemeint, sie wollten auf diese Weise ihre Verbundenheit zeigen und klarmachen, dass er nicht vergessen war. Sie wollten ihn mit dem Ständchen in die fröhliche Runde hereinholen. Dass das jetzt nicht möglich sein sollte, stimmte sie traurig.

Mir ließ die Sache keine Ruhe und so beschloss ich dann doch, ihr nachzugehen. Ich tat etwas, das ich nur in Ausnahmefällen machte: Ich rief auf der Station an. Nach einiger Zeit hob eine Schwester ab, sie erklärte mir, Rudi gehe es ganz normal und brachte ihm dann das Telefon. Er war sehr verwundert, mich zu hören – und ausgesprochen mürrisch (was normalerweise überhaupt nicht seine Art war). Botschaft unseres kurzen und sehr unerfreulichen Gespräches: Er sei müde und wolle in Ruhe gelassen werden.

Ich war vor den Kopf gestoßen, verletzt – und verstand die Welt nicht mehr. Wir hatten ihm doch etwas Gutes tun wollen, wir hatten so sehr an ihn gedacht – und er zeigte uns einfach die kalte Schulter! Meine heftige Irritation musste aufgefallen sein, denn mehrfach wurde ich von den Chormitgliedern gefragt, ob alles in Ordnung sei, ob ich schlechte Nachrichten von Rudi hätte, ob es ihm schlecht gehe und so weiter. Irgendwann habe ich es dann doch geschafft, das alles wieder halbwegs auszublenden und mich auf den Ausflug zu konzentrieren.

Erst später habe ich verstanden, was da eigentlich los war an diesem Sonntag. Er wollte von uns allen nichts wissen; auch vom Ausflug nicht, weil er selber so gern dabei gewesen wäre und nicht dabei sein konnte. Er beneidete uns um das schöne Erlebnis und wollte die Vorstellung davon ganz weit wegschieben. Und aus diesem Grund konnte er natürlich auch kein Ständchen brauchen.

Nun war Rudis Charakter alles andere als missgünstig. Auch während seiner Krankheit gönnte er mir von Herzen schöne Erlebnisse. Kleine Reisen, Besuche bei Freundinnen und Freunden, kulturelle und sportliche Aktivitäten, Dienstreisen – was immer es war, er ermunterte mich jedes Mal dazu und hörte aufmerksam zu, wenn ich ihm davon erzählte.

Aber dieses eine Mal war es anders. Ich denke mir, er wäre selber so gern dabei gewesen. Und in der Tat hat er diese Ausflüge immer sehr genossen. Die Vorstellung, als Einziger nicht mitfahren zu können (in diesem Jahr nicht und vermutlich nie wieder), muss ihn unendlich geschmerzt haben. Und diesen Schmerz habe ich dann, weil ich nicht locker gelassen und das Telefonat regelrecht erzwungen habe, in Form einer extrem schroffen Zurückweisung erfahren. Selber schuld, könnte man sagen. Ich hätte ihn ja einfach in Ruhe lassen können.

Tatsache ist, dass Menschen, die krank sind, dadurch nicht zu Engeln werden. Im Gegenteil – auch Personen, die sonst sehr ausgeglichen sind, hadern in bestimmten Situationen mit ihren Gefühlen. Und das bekommt die Umwelt eben auch zu spüren. Und je näherstehend man als Bezugsperson ist, desto direkter. Die Ärztin bei der Visite oder einen ganz seltenen Besucher würde man wohl eher nicht so ungeniert anblaffen, da hätte man Hemmungen. Aber bei einem Menschen, dessen Solidarität man als ganz selbstverständlich und bedingungslos wahrnimmt, da kann man schon auch einmal seine dunkle Seite zeigen.

Das ist natürlich extrem unfair. Und gleichzeitig ist es ganz normal. Wir Menschen sind halt so gestrickt. Wie vorhin gesagt: Die Nerven liegen blank, da kann man schon einmal ungerecht werden, seine Wut einfach auslassen. Gesunde Menschen tun das, und kranke Menschen tun das auch.

Ich würde dazu raten, das einfach als außergewöhnliches Verhalten wahrzunehmen und ihm nicht allzu viel Bedeutung beizumessen – unter der Bedingung, dass es selten vorkommt. Regelmäßige Unfreundlichkeiten, Brüskierungen, Verletzungen würde ich nicht auf sich beruhen lassen. Auch gelegentliches Ausfälligwerden kann man natürlich im Nachhinein besprechen, je nachdem, wie stark betroffen man ist. Aber im Grunde denke ich, wird es oft reichen, sich zu vergegenwärtigen, dass das seltsame Verhalten der Ausnahmesituation geschuldet ist.

Abraten würde ich eher davon, in Situationen wie diesen intensiv zu hinterfragen, ob man etwas falsch gemacht hat. Solche Selbstzweifel können sehr quälend sein und bringen in der Regel nichts. Es gibt ohnedies genug, mit dem man sich auseinandersetzen muss und das an den Energien zehrt. Normalerweise hat man sich selber auch nichts vorzuwerfen – selbst wenn man nicht immer optimal reagiert. Ablehnendes, mürrisches Verhalten des anderen besagt nicht, dass man einen Fehler gemacht hat. Es besagt, dass er etwas ablehnt – im oben beschriebenen Fall die Vorstellung, dass alle anderen den Ausflug genießen und er nicht mit dabei sein kann. Er hat sich einfach verweigert, wollte nicht daran erinnert werden. Und als ich ihn durch meinen Anruf damit konfrontiert habe, hat er diese Erinnerung daran eben zurückgewiesen. Es war seinerseits ein Akt der Psychohygiene. Für mich unangenehm. Für ihn in dieser Situation offenbar notwendig. Und sobald ich das verstanden hatte, konnte ich ihm sein Verhalten auch ohne Groll zugestehen.

Genau das möchte ich hier dezidiert festhalten: Solche Gesten der Zurückweisung haben (meiner Erfahrung nach) eben mit den blank liegenden Nerven zu tun. Es bringt nicht viel, Worte, die in dieser Situation gefallen sind, auf die Goldwaage zu legen. Abhaken, weitergehen. Wir selber sind manchmal mürrisch und ungerecht. Andere sind es auch – speziell, wenn sie sich in einem Ausnahmezustand befinden. So ein Verhalten ist nicht gutzuheißen, aber ein Stück weit zu tolerieren, so sehe ich es im Nachhinein. Damals freilich war ich sehr aufgewühlt, und ich denke, es war gut, dieses Gefühl bewusst wahrzunehmen. Ich habe nichts weggeschoben, nichts beschönigt – und mir schon gar nicht selber aufgetragen, dem mit Sanftmut und Geduld begegnen zu müssen. Ich habe nichts ausgeblendet und nichts ertragen, ich habe (etwas später) verstanden und dadurch verzeihen können.

Die dritte Krise, die ich hier nur kurz skizzieren möchte, hat etwas mit dem Bereich Organisation zu tun. Auch und gerade in komplexen Krankheitssituationen gilt es vieles zu managen und zu organisieren – was natürlich zu Missverständnissen, zu Überforderungen, zu Konflikten und anderen problematischen Situationen führen kann.

Nun: Ich war damals in einer sehr ratlosen Lage und nahm das Angebot einer Krankenpflegerin, doch ein Arztgespräch zu führen, gerne an.

Das Gespräch verlief allerdings denkbar schlecht. Die Ärztin ließ mich fast eine Stunde warten (obwohl der Termin vereinbart war), war dann nicht vorbereitet und machte Angaben, von denen ich wusste, dass sie so nicht stimmen konnten (und die sie auch nach einem Blick in die Krankengeschichte widerwillig richtigstellte). Es war eine äußerst unangenehme Unterredung, in der sie nur unzureichend auf meine Fragen einging und mir vor allem eines mitteilen wollte: Nach dem Spitalsaufenthalt sei es das Beste für den Kranken, zu Hause gepflegt zu werden. In kindgerechten Worten erläuterte sie mir die Funktionsweise eines Alarm-Armbandes. Meine Einwände, ich verstünde nichts von Krankenpflege, ich hätte einen sehr fordernden Beruf und könne es nicht ertragen, ihn allein zu Hause zu wissen, während ich meiner Arbeit nachgehe – all das war für sie nicht von Belang. Lapidares Schulterzucken, mehr hatte sie in dem Zusammenhang nicht für mich übrig.

Ich war verzweifelt, empört. Es war zwischen Rudi und mir nie Thema gewesen, dass ich ihn zu Hause pflegen sollte. Ich hatte meine sterbende Mutter vor Augen und in mir breiteten sich mächtige Angstgefühle aus. Während sich in meinem Inneren alles drehte, fühlte ich mich nach außen hin wie gelähmt. Ich rief Sr. Birgit vom Hospizteam an, kam zunächst nur auf die Mailbox, erhielt aber sehr bald einen Rückruf. Ihre Botschaft war klar: Wie Rudi gepflegt wird und von wem, das entscheiden die Betroffenen, also er und ich. Die Meinung dieser Ärztin hat keinen Einfluss darauf, was zu geschehen hat. Sr. Brigit sagte mir das mehrmals, so lang, bis ich mich beruhigt hatte.

Tatsächlich fand sich, als es viele Wochen später nötig war, eine wunderbare Unterbringung für Rudi in einem betreuten Wohnen. In der Nähe meines Arbeitsplatzes, sodass ich oft bei ihm sein konnte. Und er war nicht allein, sondern hatte noch einmal die Gelegenheit, neue Menschen kennen zu lernen und das Zusammensein mit ihnen zu genießen.

Drei Krisen waren das, die ich exemplarisch ausgeführt habe. Gegeben hat es natürlich viel mehr. Vielleicht haben Sie Ähnliches erlebt? Oder haben Sie ganz andere Erfahrungen?

Mir ist wichtig, eines festzuhalten: Krisen sind unausweichlich. Wie sie konkret aussehen, darauf haben wir in der Regel keinen Einfluss. Aber es gibt Hilfe!

Je früher und engagierter Sie begonnen haben, sich ein unterstützendes Netz zu knüpfen, desto leichter ist es, in der Krise Entlastung zu finden. Deshalb noch einmal mein Appell: Suchen Sie sich Ihre Anlaufstellen so bald wie möglich, vor dem Notfall!

Wenn das nicht geschehen ist, gibt es dennoch Möglichkeiten speziell für die Akutsituation: die Telefonseelsorge etwa, Kriseninterventionszentren, eventuell auch Internetforen (da aber gut auf deren Seriosität achten).

Nicht immer ist Hilfe sofort verfügbar. Wenn es sich nicht um eine medizinische Krise handelt (da bitte sofort aktiv werden), ist oft eine gewisse Wartezeit nötig. Das ist einerseits eine Zumutung, andererseits aber ganz normal.

Ich weiß, dass es in einer derartigen Situation schier unmöglich ist, Geduld aufzubringen. Aber es ist möglich, sich für eine gewisse Zeitspanne lang selber zu beruhigen. Sie haben das bestimmt schon oft gemacht, in früheren Notsituationen. Sie haben Erfahrung im Umgang mit Krisen. Deren Ursprung mag jetzt ein anderer sein als früher. Aber Ihre Bewältigungsstrategien, Ihre Energiequellen stehen Ihnen jetzt ebenso zur Verfügung wie damals.

Können Sie sich (für einen beschränkten Zeitraum – so lang, bis Hilfe verfügbar ist) ablenken? Können Sie statt eines extremen Negativszenarios (das baut sich ja meistens auf in solchen Situationen) ein Positivszenario entwickeln? Können Sie versuchen, es – zumindest in Teilen – als realistisch in Betracht zu ziehen? Können Sie Ihre schwierigen Gefühle rauslassen? Können Sie gegen eine Matratze boxen, schreien, sich bei der Gartenarbeit auspowern?

Das für mich Entscheidende in Krisensituationen ist, handlungsfähig zu bleiben oder nach einer Schrecksekunde wieder handlungsfähig zu werden. Dem Raubtier, das mich anspringt, nicht als schutzlose Beute ausgeliefert zu sein. Wehren Sie sich gegen das Raubtier mit all Ihren persönlichen Fähigkeiten: Ihrer Klugheit, Ihrer Kreativität, Ihrer Lebenserfahrung, Ihrem sozialen Eingebundensein – mit all Ihren kostbaren Ressourcen, die Sie genau für diesen Fall zur Verfügung haben. Und behalten Sie im Hinterkopf, dass Ihre Notfallsituation eine vorübergehende ist. Denn das ist ein wesentliches Kennzeichen, das alle Krisen gemeinsam haben: Sie gehen vorbei.

6.

Leben jenseits der Krankheit

Ich sitze im Zug, der mich aus der kleinen steirischen Stadt Fehring zurück nach Wiener Neustadt bringt. Dort werde ich dann umsteigen und nach Hause fahren. Es ist Anfang September, alles um mich ist grün, die Sonne scheint. Überall stehen Apfelbäume, die Früchte in den unterschiedlichsten Farbschattierungen tragen. Der Himmel ist ungetrübt blau. Ich habe ein paar Tage mit einer Freundin auf einem regionalen, aber musikalisch sehr hochwertigen Jazzfestival verbracht. Jetzt bin ich auf dem Heimweg. Oder auf einer Fahrt quer über einen bisher unentdeckten Apfelbaumplaneten. So genau weiß ich das nicht. Die Reise dauert lang. Der Zug hält an jeder Haltestelle. Das Unterwegssein hat etwas Unwirkliches, das ich sehr genieße. Sehr präsent noch die Erinnerung an die verschiedenen Musikerauftritte: die Jazzpianistin, die Blaskapelle mit ihren traditionellen Brass-Stücken, das Klezmer-Ensemble und die Jam-Session nach Mitternacht. Die Gespräche mit der Freundin, die Leute, die wir gemeinsam kennen gelernt haben, das wunderbare Frühstück in der kleinen Pension, in der wir uns eine Ferienwohnung geteilt haben. Es war der umgebaute Saustall – sehr komfortabel und gemütlich.

Ich bin irgendwo dazwischen. Nicht mehr dort, aber auch noch nicht in meiner Alltagsrealität angekommen. Ich habe nichts zu tun, denke mir zum Zeitvertreib Nonsensgedichte aus, in denen es um ferne Städte geht.

Dann irgendwann der Einfall: Jetzt rufe ich Rudi an und sage ihm, dass ich gut unterwegs bin. Dass ich den Zug in Fehring erreicht habe und aller Voraussicht nach pünktlich daheim ankommen werde.

Ich wähle seine Nummer und komme sofort auf die Mailbox. Das wundert mich, weil das eigentlich nie passiert. Vielleicht telefoniert er mit seiner Schwester, denke ich – und probiere es eine Viertelstunde später wieder. Nichts. Ich warte. Unternehme noch einen Versuch. Bis es mir plötzlich einfällt: Er hat ja heute eine Untersuchung in der onkologischen Ambulanz. Er sitzt wohl schon seit geraumer Zeit in dem Wartebereich im Souterrain, die Luft ist schlecht, ein Gefühl von Angst prägt die Atmosphäre: Wie sind die neuesten Befunde einzuschätzen? Oder ist seine Wartezeit schon zu Ende? Sitzt er schon in dem spartanisch eingerichteten Sprechzimmer der Ärztin und versteht wichtige Begriffe nicht, weil sie die auf Latein ausspricht und er das nie gelernt hat?

Für mich war es bis zu diesem Zeitpunkt einfach ein Montagvormittag gewesen. Ich hatte völlig vergessen, dass es der Tag eines Ambulanztermins war. Es war wie ein Schlag in die Magengrube, ich konnte nicht fassen, dass mir dieser für ihn so bedeutsame Arztbesuch entfallen war. Ich fühlte mich egoistisch, treulos. So verhält sich eine liebende Partnerin nicht. Eine liebende Partnerin hat derartige Termine präsent. Ruft an, bevor er aus dem Haus geht, und wünscht ihm viel Glück. Das Ganze einfach zu vergessen – ich hatte keine Erklärung dafür, wie mir das passieren konnte. War ich tatsächlich so gleichgültig, so abgebrüht?

Ich quälte mich eine Weile mit Fragen und heftigen Vorwürfen dieser Art, bis mir dann etwas ganz Gegenläufiges in den Sinn kam: Meine Vergesslichkeit war keine unverzeihliche Nachlässigkeit, sondern ein ausgesprochen gutes Zeichen. Ich hatte mich erholt in diesen paar Tagen. Ich war aus meiner so quälenden Wirklichkeit herausgetreten, war einfach anderswo gewesen. An einem Ort, an dem es um Musik, um Lachen und um Genießen ging. Ich war weit weg von Krankenhäusern und Schmerzen, von Blutbildern, Medikamenten – und eben auch von ängstlich erwarteten Befundbesprechungen. Ich hatte mich erholt. Meine Gedanken hatten sich (endlich) anderen Dingen zuwenden können. Es hatte eine lang ersehnte und bitter nötige Pause in diesem so schmerzhaften Prozess gegeben – und diese Pause, so sagte ich mir, stand mir auch zu. Ich machte mich ja nicht für immer aus dem Staub. Ich ließ niemanden im Stich. Ich bewegte mich durch einen Apfelbaumplaneten, den ich aber bald verlassen würde – um in einer halben Stunde in Wiener Neustadt umzusteigen.

„Es gibt ein Leben jenseits der Krankheit", das wiederholte die Psychologin in der Krebshilfe immer wieder. Das hatte sie mir auch bei unserem ersten Telefonat gesagt. „Gehen Sie essen miteinander. Machen Sie, was Sie gern machen. Sie müssen nicht immer an die Krankheit denken." Und sie hatte mir auch gesagt, dass in der modernen Onko-Psychologie eine neue Sichtweise herrsche. Eine Sichtweise, in der es, kurz gesagt, nicht um kranke und gesunde Menschen geht. Es geht vielmehr um ein Gefüge, in dem der kranke Mensch auch gesunde Anteile hat und der Gesunde auch unter der Krankheit leidet. Wenn ich Angst habe, ihn zu verlieren, wenn ich nicht ertrage, seine Schmerzen zu sehen – dann ist das mein Leiden unter der Krankheit. Und wenn er ein würziges Abendessen kocht und sich freut, dass er mich damit überraschen kann – dann sind das Momente der Normalität, des Heil-Seins in seinem (und auch in meinem) Leben.

Der ganz normale Alltag wird ja oft als lähmend empfunden. Immer das Gleiche, nichts Neues, keine Abwechslung. Und doch: In unruhigen Zeiten ist das ganz Normale so etwas wie ein Anker. Etwas, das uns festmacht und uns hält, wenn die See bedrohlich rau wird.

Rudi hat (ohne groß darüber zu reden) auch gespürt, wie wichtig diese ganz normalen Momente sind, dass sie eine Kraftquelle darstellen. So erkläre ich mir, dass er noch Monate nach der Diagnose arbeiten gegangen ist – obwohl es natürlich möglich gewesen wäre, sich krankschreiben zu lassen. Aber der alltägliche Umgang mit den Kollegen, das Bewusstsein, gebraucht zu werden (und das wurde er an seinem Arbeitsplatz), kleine Erfolgserlebnisse, die ganz normale Tagesstruktur – all das wollte er so lang wie möglich aufrechterhalten. Eben als einen Teil in seinem Leben, der jenseits der Krankheit stand. In dem es um Fachwissen, um Berufserfahrung, um gute Ideen ging – und nicht PSA-Werte und Röntgenbilder. Er hatte sich sein Leben lang sehr über seinen Beruf als Mechatroniker definiert, und die Befriedigung, die er darin erlebte, ließ er sich auch durch den teuflischen Tumor nicht nehmen.

Mir geht es mit meiner Arbeit ganz ähnlich, sie bedeutet mir viel und gehört untrennbar zu meiner Persönlichkeit. Und auch für mich war es damals wichtig, dieses Segment meines Lebens nicht hintanzustellen. Kleinere Veränderungen habe ich vorgenommen (das war zum Glück möglich) – aber ich habe meinen Beruf nicht vernachlässigt. Ich habe auch weiterhin Veranstaltungen moderiert, mich ehrenamtlich in unserem Gesangsverein betätigt – für mich waren das Bereiche der Normalität, Kraftquellen auch, auf die ich nicht verzichten wollte.

Ein besonderes Highlight jenseits der Krankheit war eine Städtereise nach Pisa. Wir haben sie unternommen etwa zehn Wochen, nachdem wir die Diagnose bekommen hatten. Es war ein recht spontaner Entschluss in einer Phase, in der er gesundheitlich recht stabil war. Auch die Ärzte hatten nichts dagegen. Der erste Schock war verdaut, aber noch war es möglich, das zerstörerische Geschehen der Krankheit weitgehend auszublenden. Er war immer sehr sportlich gewesen. Und so konnten wir problemlos längere Erkundungsgänge unternehmen, mit dem Zug nach Lucca fahren und nach Viareggio ans Meer, dort Frizzante trinken und den Möwen zusehen.

Es waren ein paar Tage, die wir sehr genossen haben, die von einer unerwarteten Unbeschwertheit geprägt waren und die wir beide wie ein unerwartetes Geschenk erlebt haben. Die Erinnerungen daran habe ich immer noch sehr präsent. Etwa daran, dass wir uns an einem Abend entschlossen hatten, in ein indisches Lokal essen zu gehen. Da sind wir also gesessen, auf einer italienischen Piazza, umgeben von spielenden Kindern, und haben auf Saltimbocca, Branzino und Co. verzichtet. Wie verschworene Komplizen sind wir dagesessen und haben einander versichert, dass das ein wirklich abartiges Verhalten ist, unentschuldbar geradezu – wir haben uns köstlich darüber amüsiert und ein schmackhaftes, pikantes Curry gegessen.

Ich bin heute sehr dankbar dafür, dass das möglich war. Sehr dankbar auch für die vielen Momentaufnahmen und Eindrücke, die wir dort noch einmal genießen durften.

Ich schreibe das, weil ich Sie dazu ermutigen möchte, sich von der Krankheit nicht mehr einschränken zu lassen, als unbedingt notwendig ist. Sie fordert ihren Tribut, da gibt es nichts zu beschönigen. Und das gilt es selbstverständlich ernst zu nehmen. Aber die Möglichkeiten, die dennoch zur Verfügung stehen, die gilt es auszuloten. Natürlich nachdem man die nötigen medizinischen Vorkehrungen getroffen, sich mit Ärzten beraten hat und so weiter. Für mich waren da die Mitarbeiter des Hospizteams die wertvollsten Ansprechpartner. Sie haben einfach so viel Erfahrung damit, was Menschen in dieser Situation guttut. Sie wissen, wie wichtig es ist, so lang wie möglich zu leben. Leben im Sinn von Freude haben, von genießen. Sie verfügen über sehr viel Erfahrung, sodass sie gut einschätzen können, welches Projekt realistisch ist – und welches eine gesundheitliche Überforderung darstellen würde. Sie haben nichts gegen unkonventionelle Entscheidungen und Vorhaben, sie unterstützen alles, was ihren Schützlingen Freude macht – und was sich irgendwie verwirklichen lässt.

Genau das ist für mich beim Thema „Leben jenseits der Krankheit" so bedeutsam: dass Freude ein wichtiger Faktor ist, dass freudige Erlebnisse einen Unterschied machen. Den Unterschied, ob jemand mehr oder weniger fremdbestimmt seinem unaufhaltsamen Ende entgegengeht oder ob er die Zeit, die er zur Verfügung hat, seinen Möglichkeiten entsprechend optimal gestaltet.

Oder, um es mit einem Leitsatz der Hospizbewegung auszudrücken: Es geht nicht darum, wie viele Tage das Leben hat, sondern es geht darum, wie viel Leben die Tage haben.

Nun ist so eine gemeinsame Reise, die in einer derartigen Situation harmonisch und bereichernd verläuft, natürlich ein Glücksfall. Unbeschwertheit und Lebensfreude müssen sich nicht einstellen. Aber es kann geschehen, wenn man ihnen die Chance dazu gibt. Und genau dafür plädiere ich: dem Leben jenseits der Krankheit die Chance zu geben, dass es sich ereignen kann.

Das ist natürlich einfacher, wenn es ein gemeinsames Unterfangen ist, wenn man gleich gestimmt ist. Wie es eben der Fall ist, wenn man miteinander verreist. Schwieriger wird es dann, wenn ein Paar dieses Leben jenseits der Krankheit getrennt voneinander erlebt – wenn der gesunde Partner zum Beispiel einen beruflichen Erfolg verbuchen kann, sich über ein gelungenes Projekt oder eine Beförderung freut. Dann kann das dem kranken Partner schmerzhafte Realitäten vor Augen führen. Er wird selber diese Art von Erfolg wohl nie mehr erfahren können. Das tut weh.

Kann er einem anderen Menschen dieses positive Erlebnis trotzdem gönnen? Auch, wenn er selber neidisch ist? In Situationen wie diesen wird deutlich, dass es hier um Trennung geht. Auch wenn von Abschied und Tod noch lang keine Rede sein kann, entwickelt sich hier doch etwas auseinander. Früher war die Karriere vielleicht beiden wichtig. Jetzt ist da eine Ungleichzeitigkeit entstanden. Ein Teil des Paares ist bei dem, wie es früher war, geblieben; räumt dem beruflichen Aufstieg weiterhin einen hohen Stellenwert ein. Der andere Teil des Paares hat von dieser Perspektive schon (schmerzlich) Abschied nehmen müssen. Hier wird nicht mehr derselbe Weg beschritten. Einer von den beiden geht weiter in der ursprünglich eingeschlagenen Richtung. Der andere ist abgebogen. Man ist, im Hinblick auf dieses eine, konkrete Thema, im wahrsten Sinne des Wortes auseinandergegangen.

Trennungserfahrungen tun weh. Die Versuchung ist da oft groß, den Schmerz zu unterdrücken, ihn wegzuschieben oder kleinzureden. Das mag im Moment Erleichterung bringen, ist aber auf längere Sicht eine schädliche Strategie. Erstens verbraucht dieses Unterdrücken viel Kraft – Kraft, die man besser einsetzen könnte. Und zweitens geht es im Prozess des Abschiednehmens (und der kann sehr lang dauern) genau darum: zu erkennen, was jetzt nicht mehr gemeinsam geht, wahrzunehmen, wo sich Lebenswege wieder auseinanderentwickeln. Wenn das Schritt für Schritt gelingen kann, in kleinen Einheiten sozusagen, dann ist der große, endgültige Abschied besser vorbereitet. Nicht, dass er weniger hart wäre – aber die Erfahrung ist nicht mehr so neu. Wir haben gelernt, mit ihr zu leben. Wir haben gelernt, dass sie unser Leben zwar zutiefst erschüttert – aber dass es jenseits dieser Erschütterung auch Bereiche gibt, die Bestand haben. Die Beziehung zu unseren Angehörigen etwa, zu Freunden. Das, was wir im Leben aufgebaut haben

– egal, ob es sich um eine gute Ausbildung handelt, einen liebevoll angelegten Garten, den sozialen Status, den wir erreicht haben, was auch immer.

Abschiedserfahrungen zuzulassen, die damit verbundenen Gefühle ehrlich wahr- und anzunehmen – das bedeutet auch zu erkennen, was von diesen Abschiedserfahrungen unberührt bleibt. Dass es Bereiche gibt, die durch diese Trennung nicht zerstört werden. Bereiche, die weiterhin Bestand haben, die uns kostbar bleiben und Halt bieten.

Mir fällt da eine Formulierung der berühmten Psychotherapeutin Verena Kast ein, die vom „Abschiedlich-Leben" spricht. Es gilt, den Abschieds- und Trennungserfahrungen ihren Stellenwert zuzubilligen. Ihn nicht kleiner zu machen, als er ist – aber auch nicht größer.

Einander ein Leben jenseits der Krankheit zuzugestehen, das ist allerdings keine Einbahnstraße, sondern eine Herausforderung, die in beide Richtungen geht. Oft genug ist zu beobachten, dass der gesunde Partner Probleme hat, wenn der kranke einfach einmal sein Kranksein außer Acht lassen möchte. Er möchte sich im Gasthaus mit Freunden treffen? So wie früher ... Wird er da vielleicht ein Glas Wein trinken? Oder zwei? Etwas Ungesundes essen? Wird er sich im Rahmen einer Stammtischdiskussion über irgendetwas ärgern? Wird er sonst etwas tun, das nicht gesund ist für ihn?

Klar ist: Ärztlichen Anweisungen ist Folge zu leisten. Klar ist aber auch: Es tut gut, Momente zu verbringen, in denen die Krankheit in den Hintergrund tritt, im Idealfall vielleicht vergessen werden kann. Mit Freunden ein Fußballspiel anzusehen oder Karten zu spielen – Dinge zu tun, die man viele Jahre lang gern getan hat – das ist Lebensqualität. Das macht Freude und stärkt.

Momente, die jenseits der Krankheit verbracht werden, sind gute Momente. Manche werden gemeinsam erlebt, andere unabhängig vom Partner. Immer aber gilt: Sie sind wertvolle Quellen des Lebendigseins. Und als solche können sie nicht hoch genug eingeschätzt werden.

Nun könnte man einwenden: Ja, gut – dieses Leben jenseits der Krankheit kann vielleicht funktionieren, so lange jemand noch in der Lage dazu ist. So lange es möglich ist, Reisen anzutreten, Konzerte zu besuchen, arbeiten zu gehen – was auch immer.

Irgendwann einmal gehen diese Möglichkeiten aber zu Ende, erlaubt es der körperliche Zustand nicht mehr, die Krankheit Krankheit sein zu lassen und unabhängig davon Aktivitäten zu entfalten.

Ja, damit ist zu rechnen. Es muss zwar nicht unbedingt so sein: Ich kenne Geschichten von Menschen, denen es bis fast zum Schluss möglich war, in einem gewissen Ausmaß aktiv zu sein, die eine oder andere Unternehmung umzusetzen. Wie gesagt, jeder Krankheitsverlauf ist anders. Und die Dinge entwickeln sich oft nicht so, wie man sich das ausgemalt hatte.

Dennoch ist es durchaus realistisch, davon auszugehen, dass es zunehmend schwieriger sein wird, im Außen krankheitsfreie Räume aufzusuchen, dass die Welt immer kleiner wird, der Aktionsradius der erkrankten Person immer eingeschränkter. Wie lässt sich dann (wenn auch nur für kurze Zeitspannen) ein Leben jenseits der Krankheit führen?

Ich erinnere mich noch sehr gut an einen Nachmittag im Frühjahr 1984, wenige Wochen, bevor meine Mutter gestorben ist. Sie hat ihre Tage damals im Wesentlichen zu Hause, im Bett liegend, verbracht. Selbst kleine Ausflüge in ihren so geliebten Garten waren kaum durchführbar, so schwach war sie.

Ich habe so viel Zeit wie möglich mit ihr in ihrem Zimmer verbracht. Aber dem waren natürlich auch Grenzen gesetzt. Einerseits bin ich ja damals in die Schule gegangen. Ich war in der Maturaklasse, das heißt, meine Tage waren sehr gefüllt, auch wenn ich nach dem Unterricht daheim war. Hausübungen, Lerneinheiten, Vorbereitungen.

Dazu kam aber auch, dass ich es nicht immer (und wenn, dann nicht lang) ausgehalten habe, an ihrem Bett zu sitzen. Es hat mich einfach so traurig gemacht zu sehen, wie sie da nahezu bewegungsunfähig, bleich und eingefallen dalag. Wie sie starke Schmerzen litt, weil die lindernden Medikamente sie zu sehr gedämpft hätten, wie Watte im Kopf – und das wollte sie nicht. Es war für mich kaum zu ertragen. Jeden Tag diese Angst, sie könnte einschlafen und nicht mehr aufwachen, sie könnte Hilfe benötigen, die ich ihr nicht geben konnte. Jeden Tag zu sehen, wie Schmerz und Tod immer mehr Besitz von ihr ergriffen.

In dieser einen Situation, an diesem einen Nachmittag war alles ganz anders. Nach dem Heimkommen von der Schule bin ich in ihr Zimmer gegangen, und sie hat mit fester Stimme gesagt: „Hör doch, was ich da für eine schöne Musik habe."

Es war irgendetwas aus dem Radio. Ich fand die Musik auch schön, das weiß ich noch genau, obwohl sie nicht meinen damaligen Hörgewohnheiten entsprach. Aber was mich so berührt hat war, meine Mutter in dieser Situation zu erleben. Im Bett liegend, unübersehbar todkrank – und voller Hingabe ein Musikstück im Radio genießend. Als sei in diesem Moment nichts anderes von Bedeutung. Und ich bin sicher, dass sie es genau so erlebt hat.

„Was ich da für eine schöne Musik habe", hat sie gesagt. Und es war tatsächlich ihre Musik: Durch ihr sich hingebendes Hören war sie in eine Einheit gekommen mit den Klängen, mit diesem so harmonischen Moment. Und mich hatte sie eingeladen, in diese Harmonie hereinzukommen.

Auch wenn es vielleicht seltsam klingt, bin ich der festen Überzeugung, dass das Schöne, das Lustige, das Lebensfrohe – dass das Genießen auch in dieser Lebensphase Platz hat und Platz haben muss. Für die erkrankte Person ebenso wie für die Angehörigen. Skeptisch bin ich immer dann, wenn alles, was Freude macht, als schädlich oder zu anstrengend oder nicht schicklich bezeichnet und so als unmöglich dargestellt wird.

Gute, erfahrene Begleiterinnen und Begleiter wissen, wie wichtig das Leben jenseits der Krankheit ist. Ihnen gilt es zu vertrauen, mit ihnen gilt es sich zu besprechen. Es gibt sogar Organisationen, die darauf spezialisiert sind, dringende Wünsche von Kranken – letzte Wünsche vielleicht – zu erfüllen. Noch einmal am Ufer eines Sees sitzen. Noch einmal zum Heurigen gehen. Noch einmal ein Gestüt besuchen. Das kann ermöglicht werden und einen wesentlichen Gegenpol bilden zum routinemäßigen Verbringen seiner Tage.

Für Lebensqualität ist es nie zu spät. Ich erinnere mich noch gut, wie sehr sich Rudi gefreut hat, als er (bereits auf der Pflegestation) Physiotherapie bekam. Nun kann man natürlich sagen: Was soll das bringen? Teure Physiotherapie für einen Menschen, der sichtbar dem Tod nahe ist ... Aber so hat man dort, wo er untergebracht war, nicht gedacht. Diese Art von Kosten-Nutzen-Rechnung wurde dort nicht angestellt. Es hat gereicht, dass ich mit einer Verantwortlichen aus dem Pflegeteam gesprochen habe, erzählt habe, wie sportlich Rudi immer war – und wie sehr er im Krankenhaus für die Disziplin gelobt worden war, mit der er dort seine Übungen gemacht hatte.

Keine zwei Wochen nach diesem Gespräch hat er mir begeistert von seinem neuen Therapeuten erzählt. Von dem Raum mit den großen Fenstern, die so einen wunderbaren Ausblick auf die Stadt Wien mit ihren abendlichen Lichtern boten. In diesem Therapieraum machte er seine Übungen auf einem speziellen Fahrrad-Ergometer: Solange er Kraft genug hatte, konnte er ganz normal in die Pedale treten. Wenn er jedoch müde wurde, dann wurden die Pedale quasi von sich aus aktiv. Dann bewegten sie sich ohne sein Zutun und nahmen ihn mit in diese Bewegung, vor den großen Fenstern, hoch über den Dächern der Stadt. Ich weiß nicht genau, wie oft er auf diesem Fahrrad seine Kräftigungsübungen gemacht hat. Aber ich weiß, dass er es geliebt hat, das zu tun. Und das ist es, was für mich zählt.

Im Grunde will ich mit diesen Beispielen nur eines sagen: Geben Sie nicht auf, lassen Sie nicht locker, machen Sie sich gezielt auf die Suche nach Freudvollem. Für sich selber, für den erkrankten Angehörigen. Allein sich bewusst zu machen, dass Momente der Freude, des Genusses noch immer möglich sind, allein das verändert Ihre Perspektive,

Ihre Wahrnehmung. Lassen Sie nicht locker. Opfern Sie der Krankheit nicht jene Möglichkeiten, die Sie ihr gar nicht opfern müssten. Denken Sie kreativ. Denken Sie unkonventionell. Geben Sie Sehnsüchten, Wünschen und Bedürfnissen bewusst Raum.

Nicht alles wird sich verwirklichen lassen. Manches aber doch. Und das sind dann unglaublich kostbare Erfahrungen für alle Beteiligten.

Es geht nicht um die Tage im Leben. Es geht um das Leben in den Tagen. Und wenn es nur Momente sind, die jenseits der Krankheit verbracht werden – genau diese Momente sind es, die den entscheidenden Unterschied machen.

7.
Und wo bleibt die Lebenslust?

„Und dann sagen einem die Leute, man soll doch mit einer Freundin in die Therme fahren. Und genau das interessiert einen überhaupt nicht", sagte meine Psychologin bei der Krebshilfe. Ich wollte schon zu einem heftigen Widerspruch ansetzen, aber dann sah ich ihren wissend-verschwörerischen Blick und musste eingestehen – sie hatte recht.

Auch als Partnerin eines im fortgeschrittenen Stadium krebskranken Mannes gibt man Bedürfnisse nach Wahrgenommen-Werden, nach Berührung und Nähe, nach Erotik und Sexualität nicht an der Garderobe ab. All das sind Sehnsüchte, die nach wie vor da sind. Vielleicht stärker, vielleicht schwächer ausgeprägt. Vielleicht können sie in der Paarbeziehung (noch) wertgeschätzt und angemessen befriedigt werden. Vielleicht ist der Umgang damit schon zuvor schwierig gewesen, schon lange vor der Diagnose. Die Situationen sind vielfältig.

Meiner Erfahrung nach ist es jedenfalls ein Tabu-Thema. Auch in guten Ratgebern und auf hilfreichen Seiten im Internet habe ich dazu nur Floskeln gefunden. Man solle einfühlsame Gespräche führen. Gemeinsam mit dem Arzt nach geeigneten Möglichkeiten suchen – speziell dann, wenn es um Prostatakrebs und die bekannte, damit vielfach verbundene Problematik geht. Und so weiter. Ehrlich gesagt, ich habe mich gefrotzelt gefühlt. Ein so wichtiges Thema und dann wird so flapsig damit umgegangen. Echt jetzt?!

Im wirklichen Leben hat sich das dann genau so dargestellt. Meine diesbezügliche Befindlichkeit war so etwas von uninteressant für Ärzte. „Da geht es um das Leben Ihres Partners – und Sie haben nichts als Sex im Kopf?" So oder so ähnlich hätten wohl viele reagiert. Und aus ihrer Sicht ist es auch ganz plausibel, sie müssen sein Leben bzw. zumindest seine Lebensqualität so gut es geht retten. Da geht es nicht um meine Sehnsüchte. Dafür sind sie nicht zuständig.

Wie und wo haben meine Interessen noch Platz, zwischen seinen Ängsten und Schmerzen, seinen Hormontabletten und Schwächezuständen? Gute Frage. Unbeantwortete Frage. Und genau weil mich das so geärgert hat, dass dieses Thema nirgends wirklich behandelt wurde, dass mir nur ein paar müde Vertröstungen hingeworfen wurden, genau deshalb möchte ich jetzt darüber schreiben. Wissend, dass es hier ans Eingemachte geht, dass ich hier vielleicht Widerspruch ernte. Aber ich möchte die Bedürfnisse von Frauen in meiner damaligen Situation ernst nehmen – und eben das zeigen, indem ich sie thematisiere.

Eine einfache Antwort könnte sein: In Zeiten von Plattformen wie Tinder & Co. kann es doch kein Problem sein, jemanden außerhalb der eigenen Beziehung zu finden. Das stimmt natürlich. Und doch ist diese Antwort für mich genauso oberflächlich wie die eben erwähnten Vertröstungen.

Klar ist: Paarbeziehungen sind sehr unterschiedlich gestaltet. Und dem entsprechend existiert eine große Bandbreite, auch im Krankheitsfall. So weiß ich von Personen, die ihren Partner bzw. ihre Partnerin von sich aus dazu aufgefordert haben, das außerhalb zu suchen, was sich in der Beziehung nicht mehr leben lässt. Ich weiß von Paaren, die eine offene Beziehung geführt haben, die sich aber nach der Diagnose nicht mehr aufrecht erhalten ließ, weil der erkrankte Teil das nicht ertragen hätte. Ich weiß von heimlichen Affären, die die Beteiligten unglücklich gemacht haben. Ich weiß von heimlichen Affären, die eine Kraftquelle waren und durch die das Ertragen der schwierigen Situation zu Hause stark gefördert wurde. Ich weiß von Frauen und Männern, die bewusst auf Sexualität verzichtet haben und sich mit dieser Entscheidung auch anfreunden konnten. Ich weiß von Frauen und Männern, die unendlich gelitten haben, weil sich keine Lösung finden ließ. Ich weiß mittlerweile von so vielem …

Ich möchte hier nichts empfehlen und nichts verteufeln. Ich möchte von mir erzählen, Impulse geben und vor allem zu großer Behutsamkeit und Umsicht aufrufen.

Im Zuge einer todbringenden Krankheit kommt es zum Abschiednehmen vom Partner – und das ist kein punktuelles Geschehen, kein isolierter Moment, sondern ein langer, schmerzhafter Prozess. Von vielem muss man sich verabschieden, bevor der letzte große Abschied kommt. Keine gemeinsamen Reisen mehr, kein gemeinsamer Sport – irgendwann ist es auch mit der gemeinsamen Sexualität vorbei.

Sexualität ist, zumal in langjährigen Beziehungen, in der Regel viel mehr als Triebbefriedigung. Sie ist eine einzigartige Form der Kommunikation mit einem einzigartigen Menschen. Sie ist ein Zueinander-Finden jenseits der Worte. Sie gehört zu den exklusivsten Formen des Einander-Wahrneh-mens. Zu Recht spricht die Bibel vom „Erkennen".

Die Hoffnung, das mit einem Tinder-Menschen zu fin-den, halte ich für trügerisch. Eine Person lässt sich nicht ge-gen eine andere austauschen. Wer das versucht, gerät mei-ner Meinung nach in große Gefahr, verletzt zu werden.

Der Kick, das schnelle Abenteuer – das mag spannend sein. Ob dabei das Bedürfnis nach Vertrautheit, nach Inti-mität befriedigt wird, ist eine andere Frage.

Andererseits kenne ich auch die Geschichte einer Frau, die im Laufe der langjährigen, todbringenden Erkrankung ihres Mannes eine beglückende und emotional tiefgehende Außenbeziehung aufgebaut hat. Wobei für sie von vornhe-rein feststand, dass sie ihren Mann nicht verlassen würde.

Wenn sie mir von ihrem „Geheimnis" erzählt hat, dann hat das irgendwie gewirkt, als würde sie von einer Urlaubs-reise erzählen. Von einem Herausgenommen-Sein aus dem so aufreibenden Alltag mit Beruf, Kindern, Hausarbeit und der alles überschattenden Krankheit. Von einer Kraftquelle. Von einem Ort, an dem alles gut ist. An dem Unbeschwert-heit, Leichtigkeit und Fröhlichkeit herrschen. Urlaubsorte geben Kraft, auch wenn man sie nur einmal im Jahr, viel-leicht sogar seltener aufsucht. Das Wissen um die Schön-heit der Natur dort, das Rauschen des Meeres, die Erinne-rung an schmackhafte Mahlzeiten, verzauberte Momente und unerwartete Entdeckungen – all das kann besonders in dunklen Zeiten Kraft geben.

Meine vielleicht provokant wirkende These ist: Die Au-ßenbeziehung war in diesem Fall eine Ressource, die es ihr ermöglich hat, ihrem Mann die Treue zu halten. Eine Treue, die sich dadurch ausgedrückt hat, dass sie mit ihm die vielen Arzt- und Spitalsbesuche absolviert hat, geduldig geblieben ist, wenn die Krankheit das Familienklima getrübt hat, ihm Kraft und Zuversicht gegeben hat – auch wenn sie selber ausgelaugt war. Eheliche Treue ist für mich kein Thema, das sich auf das Schlafzimmer beschränkt. Sie ist ein komplexes, zum Teil widersprüchliches System – wie es auch die Treue unter Freunden oder dem Arbeitgeber gegenüber ist (letztere ist übrigens eine juristische Kategorie), wo es nicht um Sexualität geht und doch sehr intensiv um Loyalität.

Ich habe einmal ein langes Gespräch mit einem befreundeten Geistlichen, einem Ordensmann, darüber geführt. Er hat mir dann von einem 32-Jährigen aus seiner Pfarre erzählt, dessen Frau nach einem Unfall zum damaligen Zeitpunkt seit zwei Jahren im Wachkoma gelegen ist. Ich erinnere mich noch gut an die Ratlosigkeit dieses Priesters, als er mir diese Situation geschildert hat. Wir haben dann beide geschwiegen. Uns war klar – eine einfache Antwort existiert in vielen Fällen nicht.

In meinem Fall hat es keine Außenbeziehung gegeben. Objektiv betrachtet hätte ich wohl auch nicht die Kapazität dafür gehabt, weder in zeitlicher noch in emotionaler Hinsicht. Allerdings habe ich mich nach Rudis Tod viel schneller als erwartet wieder ernsthaft auf einen Mann einlassen können. Aber davon später.

Was immer Ihnen Ihr Weg also bringen mag an Durststrecken und Oasen, ich plädiere auf jeden Fall für eines: Bringen Sie Frausein, Lebensfreude und Lust nicht automatisch bzw. nicht ausschließlich in Verbindung mit einem Mann.

Auch wenn Sie davon träumen, sich danach sehnen. Suchen Sie vielmehr (auch) Räume der Autonomie, in denen Sie sich nicht nach einem anderen richten müssen – und sei er noch so attraktiv.

Gerade wenn man mit der schweren Krankheit einer nahestehenden Person konfrontiert ist, geht viel Freiheit verloren. Es gilt, dies und das zu erledigen, Besuche müssen in den oft schon engen Zeitplan integriert werden, ich habe mich in dieser Phase auch in meiner „Freizeit" über weite Strecken als fremdbestimmt erlebt. Ein Zustand, mit dem ich sehr schlecht zurechtgekommen bin.

Umso wichtiger war es mir, dem etwas entgegenzuhalten. Ich habe mich mit Händen und Füßen dagegen gewehrt, mein Leben bzw. meine Lebensqualität dem Krebsmonster kampflos zu überlassen.

Bestärkt durch „meine" Psychologin bei der Krebshilfe habe ich begonnen, neue Dinge für mich zu entdecken. So bin ich etwa in das englischsprachige Theater in Wien gegangen oder in Galerien, die ich bis dahin nicht gekannt hatte.

Ein Novum für mich damals: Ich hatte mich zu dieser Zeit auf Facebook angemeldet. Eigentlich um einer Trauergruppe beizutreten, über die ich gelesen hatte. Die hat sich dann für meine Bedürfnisse als nicht besonders hilfreich erwiesen. Aber durch Facebook bekam ich immer wieder Informationen über (für mich) interessante Veranstaltungen in meiner Umgebung. Und diese Infos habe ich aufgesogen wie ein Schwamm.

Nun weiß ich natürlich, dass ich mich in einer außerordentlich privilegierten Lage befinde: Ich wohne in der Umgebung von Wien, habe also allein durch die Nähe zur Stadt viele Möglichkeiten. Ich bin unabhängig. Meine Tochter ist erwachsen, ich habe also keine Betreuungspflichten mehr. Ich habe keine Geldsorgen. Ich kann es mir leisten, spontan ins Theater zu gehen – auch wenn das bedeutet, dass ich eine teure Karte nehmen muss. Ich habe also, in gewisser Weise, leicht reden. Ja. Aber nicht alles, was ich unternommen habe, braucht viel Zeit oder viel Geld. Was es aber braucht, sind Neugierde, Kreativität und die Bereitschaft, den Moment zu genießen. Die so getankte Energie können Sie dann nicht nur für sich selber, sondern auch für Ihren Partner nutzbringend einsetzen.

Also: Ich bin ausgegangen. Ins Kino, ins Theater, in Konzerte, in Ausstellungen. Ich bin in die Gesangsstunde gegangen. Und ich habe etwas sehr Lustvolles für mich entdeckt: Flohmärkte, Kleiderkreisel und Second-Hand-Läden.

Durch die anstrengende Situation hatte ich ein paar Kilo abgenommen (was mir durchaus willkommen war) – und so konnte ich einfach nach Herzenslust stöbern, probieren, suchen, finden, mich überraschen lassen. Ich beschränkte mich nicht darauf, Stücke zu begutachten, die in mein gewohntes „Beuteschema" passten. Ich habe es auch mit witzigen, verrückten, außergewöhnlichen Teilen versucht. Manches davon war schrecklich. Anderes trage ich wirklich gerne. Besonders stolz bin ich auf eine Glitzerjean von Stella McCartney, die ich um 20 Euro erstanden habe.

Sie finden, glitzernde Jeans sind nichts für Frauen über 50? Warum eigentlich? Man kann es zumindest einmal ausprobieren …

Genau das hat mir damals so gut getan. Das Spielerische, das mit diesem Ausprobieren verbunden war. Es hat Spaß gemacht, mich in verschiedenen Outfits zu betrachten – die ja auch für verschiedene Rollen stehen (können). Und damit ergab sich ganz leichtfüßig auch eine Auseinandersetzung mit der eigenen Identität, in Teilen auch mit der eigenen Erotik. Ist dieser Rock zu kurz für mich? Die Bluse zu tief ausgeschnitten? Würde ich dieses Stück tragen? Wenn ja – zu welchem Anlass? Wer dürfte mich darin sehen? Ist das (noch) etwas für mich? Was kann ich wagen? Worauf verzichte ich?

Es machte mir Spaß, auf diese Weise kleine Experimente anzustellen. Viel stand nicht auf dem Spiel. 10 Euro für einen Fehlkauf? Das lässt sich schon verkraften …

Etwas anderes, das ich damals sehr gern und sehr bewusst unternommen habe: Ich bin ins Kaffeehaus gegangen und habe mich dort über die bunten Illustrierten hergemacht. Prinzessin Kate hat zugenommen? In der kommenden Herbstsaison sind bunte Karos in? George Clooney spielt einen Außerirdischen? Nein, wie interessant!!!

Natürlich – solche Zeitschriften liest man nicht. Höchstens beim Zahnarzt oder beim Friseur. Solche Artikel sind unintelligent und oberflächlich.

Ja! Eben! Genau danach stand mir ja damals der Sinn! Nach – zur Abwechslung einmal – oberflächlichen, unkomplizierten Dingen: farbenfrohen Bildern, schönen Menschen, vielleicht ein bisschen Schadenfreude. Eine berühmte Sängerin wurde beim Ladendiebstahl erwischt und muss jetzt in einer Obdachloseneinrichtung Sozialstunden absolvieren? Nein, wie interessant!!!

Es mag ein wenig albern wirken, was ich hier beschreibe. Mir hat es damals gutgetan. Und es hatte eine ganz wichtige Funktion für mich. Ich habe solche Dinge, so gut es ging, an einer ganz speziellen Stelle im Tagesablauf eingebaut: immer nach einem Besuch bei Rudi.

Es war mein erklärtes Ziel, die Bilder aus seinem Krankenzimmer nicht direkt mit nach Hause zu nehmen. Ich habe ganz bewusst noch eine andere Aktivität dazwischen gestellt, als Puffer quasi. So konnte ich einen besseren Übergang schaffen von der oft unerträglich schmerzhaften Realität der Krankheit hin zu meinem eigenen Alltag. Dieser kleine Trick ist mir selber eingefallen – und ich bin überzeugt davon, er hat mir vieles leichter gemacht.

Apropos Trick – da möchte ich Ihnen noch einen verraten: Eingefallen ist er mir, als ich mich allein in den Urlaub nach Spanien aufgemacht habe, auf dem Flughafen. Ich habe mir vorgenommen, während meiner Reise nicht auf verliebte oder harmonisch wirkende Pärchen und Paare zu achten (und diese natürlich unendlich zu beneiden), sondern auf solche, die einen unzufriedenen Eindruck machten, die verbittert wirkten, vielleicht gerade beim Streiten waren oder einander grollend anschwiegen.

Ich habe im Laufe der einen Woche viele von denen gesehen und war dann doch froh, allein zu sein, mich nicht anfauchen lassen zu müssen oder mit trotzigem Schweigen konfrontiert zu sein. Ich musste keine Kompromisse eingehen, nicht Zähne knirschend nachgeben bei der Auswahl eines Lokals für das Abendessen. Wenn ich wollte, konnte ich in einem die Suppe essen, in einem anderen die Hauptspeise und in einem dritten ein Dessert.

Das macht man nicht ... Sagt wer? Wer mit sich allein unterwegs ist, kann sich unkonventionell benehmen, ohne dass sich jemand anderer dafür schämen müsste.

Manchmal habe ich den Eindruck, das Leben ist von sich aus bestrebt, einen Ausgleich zu finden. Wenn ein Teil sehr schwer ist, dann entwickelt sich ein besonderes Bedürfnis nach Leichtigkeit. So zumindest habe ich es erlebt. Und ich kann nur empfehlen, dieses Bedürfnis nach Leichtigkeit sehr ernst zu nehmen – und ihm (wo es geht) auch gerecht zu werden.

Ich erinnere mich an einen großartigen Abend, eine Tanzveranstaltung bei uns im Dorf. Ich war allein hingegangen, Rudi – mit dem ich früher viel und oft getanzt hatte – hatte nicht mehr die Kraft dazu, er war daheim geblieben. Ohne verabredet zu sein, traf ich dort ein befreundetes Ehepaar, beide Freunde aus dem Chor, und wurde an ihren Tisch eingeladen. Ich habe im Laufe dieses Abends viel getanzt. Er hat abwechselnd seine Frau und mich aufgefordert. Es waren wunderschöne Stunden. Sie war großzügig genug, mir ihren Mann für doch einige Tänze zu leihen – wofür ich ihr unendlich dankbar war und immer noch bin. Und er war fit genug, fast ohne Unterbrechung auf der Tanzfläche zu sein. Heimgegangen bin ich mit dem Gefühl, dass so vieles möglich ist – wenn man dem Leben eine Chance gibt.

Es waren oft nur Momente: ein witziger Anblick, das Lächeln einer fremden Person, der Geruch nach Heu, ein Kompliment. Es waren Momente wie Geschenke. So gut erinnere ich mich noch an den nicht mehr jungen, aber attraktiven Kellner im Kaffeehaus, der mich beim Zahlen ganz bezaubernd anlächelte und sagte: bis zum nächsten Mal.

Ich finde es so unglaublich wichtig, auch diese Momente ernst zu nehmen. Die anderen Erlebnisse haben sowieso ihr Gewicht: die Arztgespräche über Diagnosen und Therapien, das schwierige Zusehen, wie ein geliebter Mensch Schmerzen leidet, das Verzichten. All dem kommt ein hoher Stellenwert zu. Welcher Stellenwert den schönen Dingen des Lebens zukommt (die ja trotzdem auch da sind), das ist die eigene Entscheidung. Ich rate Ihnen dazu, diesen Momenten eine hohe Bedeutung beizumessen.

Bestärkt wurde ich darin übrigens von dem Mann einer Freundin, der mich als Coach in einer Krise unglaublich wohlwollend und fürsorglich aufgefangen hat. Er hat mir die „Hausübung" gegeben, jeden Tag ein Highlight zu notieren. Das hat meine Aufmerksamkeit zusätzlich auf das Positive gerichtet. Und es hatte eine Nebenwirkung. Wenn es an einem Tag bis zum Abend kein Highlight gegeben hatte, dann habe ich dafür gesorgt, dass noch eines geschieht: ein Spaziergang auf der Donauinsel nach der Arbeit, ein Buch, das ich mir gekauft habe, ein Telefonat mit einer Freundin. Wenn es die Hausaufgabe ist, ein Highlight zu benennen – nun, dann muss man sich darum kümmern, dass es auch eines gibt.

Lebensfreude, Frausein ... auch wenn es abgedroschen klingen mag: Seien Sie gut zu sich selber. Gönnen Sie sich Dinge und gönnen Sie sich auch, diese zu genießen. Lassen Sie sich die Nägel machen, gehen Sie zur Kosmetikerin oder zur Massage (die kann Ihnen auch ein Arzt verschreiben, dann ist sie kostenfrei), versuchen Sie eine neue Haarfarbe, gehen Sie tanzen, kochen Sie ungewöhnliche Rezepte nach, fahren Sie in eine Stadt, die Sie nicht kennen und – ja – auch mit einer Freundin in die Therme. Wenn es kein Ersatz für etwas ist, sondern eine lustvolle Auszeit, dann kann das durchaus ein Erlebnis sein.

All das (und was Ihnen sonst noch so einfällt) kann und wird Ihre Welt nicht wieder ins Lot bringen. Eine neue Dauerwelle hilft nicht gegen Verlustängste – natürlich nicht. Aber es ist möglich, den Sinn für das Schöne und Freudvolle zu trainieren. Und meiner Erfahrung nach ist gerade in schwierigen Zeiten die Seele besonders dankbar dafür.

Oft erinnere ich mich an eine Gegenüberstellung des Therapeuten und Bestseller-Autors Peter Schellenbaum. Der spricht in einem seiner Bücher von der neurotischen Lebensspur und als Gegenpol dazu von der erotischen Lebensspur. Die neurotische Lebensspur orientiert sich an den Defiziten, den Schwierigkeiten, führt hinein in Grübeleien und Schwarzmalerei. Die erotische Lebensspur geht dem Zauber des Alltags nach, freundlichen Blicken, witzigen Begebenheiten. Sie verläuft im Hier und Jetzt, jenseits des Gedankenkarussells.

Natürlich ist es unrealistisch, das als ausschließliche Lebensorientierung einzumahnen. Speziell in einer Abschiedssituation ist das einfach nicht möglich. Aber die erotische Lebensspur immer wieder zu suchen, ihr nachzugehen, sich bewusst in Erinnerung zu rufen, dass sie da ist – davon lässt sich viel profitieren.

Sich selber Gutes zuzugestehen, Momente der Fröhlichkeit etwa, während der Partner vielleicht Schmerzen hat oder in anderer Form leidet – das ist nicht einfach. Mir hat ein Gedanke dabei geholfen: Ginge es ihm besser, wenn ich Trübsal blase? Würde er davon profitieren, wenn ich mich traurig und ängstlich verkrieche? Hätte er dadurch weniger Schmerzen? Macht ihn das gesund?

De facto hatte er mehr von einer engagierten, aktiven, lebensmutigen Partnerin. Und dass diese ihren Mut, ihre Energie irgendwo hernehmen muss, dass sie dafür Kraftquellen braucht, das liegt auf der Hand.

Eine mögliche Kraftquelle möchte ich hier noch ganz ausdrücklich ansprechen: die Erinnerung. Sie ist das einzige Paradies, aus dem wir nicht vertrieben werden können – so hat es der Dichter Jean Paul einmal formuliert. Ich möchte Sie sehr dazu ermutigen, dieses Paradies regelmäßig aufzusuchen. Konkret dazu, sich Reisen, beglückende Momente und Begegnungen, auch Romanzen und Liebesgeschichten von früher zu vergegenwärtigen. Seitens der Psychologie heißt es immer wieder, das plastische Zurück-Erinnern an Erlebnisse setze im Gehirn dieselben Botenstoffe frei wie das tatsächliche Erleben.

Ob das tatsächlich so ist, kann ich nicht sagen. Ein bisschen skeptisch bin ich ehrlich gesagt schon: Es fühlt sich anders an, tatsächlich ein schmackhaftes Gericht zu essen – oder sich daran zu erinnern. Und trotzdem entstehen auch dabei positive Gefühle.

Wenn Sie Erinnerungen aus der Zeit vor Ihrer aktuellen Partnerschaft hernehmen, dann haben diese aber noch eine weitere Wirkung: Sie zeigen, dass auch ohne Ihren Partner so viel Schönes möglich war. Das mag zunächst einmal grausam klingen, sich gerade jetzt bewusst schöne Momente ohne den vertrauten Partner vor Augen zu führen. Aber Sie müssen sich ja auch in einer grausamen Realität bewähren. Sie müssen von Ihrem gemeinsamen Leben Abschied nehmen. Da gilt es, verschiedenste Hilfsmittel zu nutzen oder zumindest in Betracht zu ziehen – nicht zuletzt solche, die auf den ersten Blick etwas unkonventionell anmuten.

Erinnerungen stärken: Erinnerungen an erfüllende Erlebnisse ebenso wie Erinnerungen daran, auch andere Krisen bereits bewältigt zu haben. Gerade auf diesen Punkt hat der vorhin schon angesprochene Coach immer wieder Bezug genommen. Du weißt, du kannst das überwinden, hat er mir immer wieder gesagt. Phasenweise habe ich diesen Satz zu einem regelrechten Mantra für mich gemacht.

In einer Hinsicht möchte ich allerdings zur Vorsicht mahnen. Dann nämlich, wenn Sie merken, dass ein gedanklicher Kurzschluss entsteht. Aus „Das wird mit ihm nicht mehr möglich sein" (zutreffend) wird leider nur allzu schnell ein „Das wird für mich nicht mehr möglich sein" (Wer sagt das?). Und so möchte ich dazu aufrufen, mit dieser Art der Erinnerung – an gemeinsame glückliche Momente nähmlich – sehr bewusst und behutsam umzugehen. Sie zu pflegen, ist Teil des Abschieds- und Trauerprozesses. Aber seien Sie achtsam, was sie in Ihnen auslösen.

Ein Jesuit, den ich sehr schätze, hat mir einmal in einem Interview zum Thema „Unterscheidung der Geister" etwas sehr Weises gesagt: „Ich rate den Menschen dazu, sich zu fragen, führt mich diese Entscheidung, diese Handlung in die Weite oder in die Enge. Die Weite ist zunächst einmal die interessantere Option."

Was in die Weite führt, das kann von Person zu Person sehr verschieden sein. Umso wichtiger ist es, die Frage für sich selbst immer wieder präsent zu haben: Was führt MICH in die Weite?

Wer den eigenen Weg geht, muss allerdings zuweilen mit Unverständnis seitens seiner Umgebung rechnen. Auch mir ist das passiert. Und Sie selber haben vielleicht auch schon irgendwann Äußerungen gehört, die in diese Richtung gegangen sind: Da liegt ihr Mann im Sterben (bei solchen Gelegenheiten wird ja gern übertrieben) und sie geht auf den Maskenball. Das soziale Umfeld ist schnell mit einem Urteil zur Stelle. Und generell herrscht immer noch die Tendenz, Frauen weniger Spielraum zuzugestehen als Männern, speziell in Krisensituationen. Was bei einem Mann noch eher toleriert wird („er muss sich halt von seinem Kummer ablenken"), kann bei Frauen zu sehr negativen Reaktionen führen.

Unabhängigkeit, selbstbestimmtes Auftreten (gerade wenn es um Lustvolles geht) – das wirkt mitunter verunsichernd und muss deshalb sanktioniert werden. Manche Männer könnten hier den Prototyp der untreuen Frau sehen. Manche Frauen (vor allem solche, die Ähnliches erlebt haben) könnten unbewusst missgünstig werden oder Bitterkeit empfinden, weil sie selber sich freudige Erlebnisse vorenthalten haben. Was auch immer die Hintergründe sind: Böser Tratsch, Getuschel oder auch direktes persönliches Ansprechen können durchaus vorkommen.

Mir ist es nicht im „richtigen" Leben passiert, zumindest habe ich nie von derartigen Dingen erfahren. Offenbar wurde hier mein Verhalten richtig eingeschätzt, als meine Art, verantwortungsvoll mit der Situation umzugehen.

Böse Worte habe ich allerdings online, im Trauerforum, geerntet. Die durchaus angriffig formulierte Frage etwa, ob ich daran denke, dass ich mich später nochmals im Spiegel ansehen könnte. Oder auch als Wohlwollen getarnte Ratschläge, ich solle mich anders verhalten, mehr für ihn da sein und so weiter. Mich hat das damals tief verletzt, weil ich davon ausgegangen war, unter Gleichgesinnten zu sein und im Forum einen geschützten Raum zu haben. In der Folge bin ich sorgsamer mit dem umgegangen, was ich von mir mitzuteilen bereit war.

Nun, wie umgehen mit einer derartigen Situation? Ich könnte jetzt schreiben: Lassen Sie sich nicht davon beeindrucken – aber das wäre doch ziemlich billig.

Natürlich ist es am besten, sich möglichst nicht beirren zu lassen vom Tratsch der anderen. Aber das ist leichter gesagt als getan. Gerade dann, wenn die eigene Welt ins Wanken gerät, ist es wichtig, in seinem Umfeld möglichst viel Bestärkung zu erleben: positive Signale und nicht verunsicherndes Gerede. Sich tatsächlich davor abzuschotten, das ist schwierig.

Es kann helfen, mit wohlgesonnenen Menschen darüber zu sprechen. Personen, die aus der Distanz einen objektiveren Blick auf die Geschehnisse haben und die auf Ihrer Seite stehen. Sie können Ihnen bestätigen, dass es Ihr gutes Recht ist, mit Ihrer Situation so umzugehen, wie Sie selber es für richtig halten. Vielleicht tut auch ein Gespräch mit Ihrem erkrankten Partner gut. Auch er wird Sie wohl darin unterstützen, dass Sie neben all der Sorge (die Ihnen ja niemand abnimmt) auch freudvolle Erlebnisse haben.

Wer hat die Deutungshoheit über Ihr Leben? Personen, die gewohnheitsmäßig das Verhalten ihrer Mitmenschen be- und verurteilen, ohne mit den Details vertraut zu sein? Personen, die zwar schnell mit abschätzigen Bemerkungen zu Diensten sind, aber keine Zeit haben, wenn man tatsächlich ihre Unterstützung braucht? Stimmen, die aufgrund eigener Erfahrungen (vielleicht Verletzungen) Ihre Selbstbestimmtheit in Zweifel ziehen (müssen)?

Ja, es ist unangenehm, vielleicht verstörend, mit dieser Art von Reaktion konfrontiert zu werden. Je selbstbewusster Sie damit umgehen können, desto besser. Wo es Ihnen an Selbstbewusstsein mangelt, suchen Sie nach Bestärkung. Was zu normalen Zeiten gilt, gilt auch jetzt: Sie müssen es nicht allen recht machen. Sie können es nicht allen recht machen.

Wer Sie in Ihrer Situation mit Feindseligkeiten konfrontiert oder Feindseliges über Sie verbreitet, entlarvt sich selber. Sie müssen sich nicht rechtfertigen, nichts erklären. Lassen Sie sich nicht provozieren, bleiben Sie freundlich und sachlich bei Ihrer Linie. Sollten wilde Lügen über Sie erzählt werden, fragen Sie nach den Beweisen und weisen Sie sie so unaufgeregt wie möglich zurück.

Je unbeeindruckter Sie sich zeigen, je ruhiger und klarer Sie bei Ihrer Linie bleiben, desto uninteressanter werden Sie für diese Personen. Vielleicht wird es heißen, Sie hörten ja nicht auf gute Ratschläge und müssten mit den Folgen Ihrer Handlungen leben. Nun, das ist für Sie ja nichts Neues, das wussten Sie schon zuvor. Wir alle müssen mit den Folgen unserer Handlungen leben – und als Erwachsene können wir damit seit vielen Jahren umgehen.

Lassen Sie sich nicht entmutigen. Gehen Sie nach bestem Wissen und Gewissen vor und ermöglichen Sie sich auf dieser Basis so viele positive Erlebnisse wie möglich. Es ist Ihr gutes Recht.

8.
Der Abschied

„Sie können gern unseren Clubraum bekommen, da gibt es eine kleine Küche, Platz für zirka 40 Personen – der ist genau richtig für sowas."

So einfach hatte ich es mir nicht vorgestellt. Es galt Rudis 65. Geburtstag gebührend zu feiern – und das bedeutete im großen Kreis: Freunde, Verwandte, Mitglieder des Chors (die ihn zum Teil schon sehr lang nicht gesehen hatten) und deren Angehörige. Genau für solche Anlässe gab es also im Kolpinghaus einen eigenen Raum, der kostenfrei zur Verfügung gestellt wurde. Nachdem ich das in Erfahrung gebracht hatte, ging es ans Planen. Wie immer, wenn der Chor etwas feiert, wurde generalstabsmäßig vorbereitet: Wer bringt Kuchen mit, wer Pikantes (Aufstriche und salziges Gebäck), wer ist für die Getränke verantwortlich? Welche Stücke werden als Ständchen für das Geburtstagskind gesungen? Was wäre ein geeignetes Geschenk? Wie sieht es mit den Fahrgemeinschaften aus? Brauchen wir Geschirr? Ein sehr engagierter Helfer war auch mein Bruder, der mich entlastete, wo er nur konnte und zirka 250 wunderschöne Brötchen fabrizierte.

Das Vorbereiten machte Spaß, da wurde telefoniert, die Whatsapp-Gruppe intensiv genutzt, E-Mails geschickt. Natürlich war es ein Fest in einer speziellen Situation – es war davon auszugehen, dass es Rudis letzter Geburtstag sein würde. Seine Kräfte hatten in letzter Zeit unübersehbar dramatisch abgenommen. Aber in all der Betriebsamkeit der Vorbereitungen konnte ich das immer wieder halbwegs ausblenden. Es ging darum, alles Nötige zu koordinieren, Infos einzuholen und weiterzugeben, aber auch die einzubremsen, die eine allzu überschäumende Kreativität und übertriebene Ideen entwickelten. Und ich freute mich sehr darauf, ihm eine Freude zu bereiten. Denn er war wie ein Kind, das neugierig auf sein großes Fest ist, und stellte bei den Besuchen immer wieder Fragen.

Dann kam also der große Tag. Während Rudi noch schlief, liefen die Vorbereitungen auf Hochtouren. Es war wie eine Naturgewalt, die sich nicht bremsen ließ. „Dürfen wir die Kaffeemaschine in der Küche verwenden? Können wir Girlanden aufhängen?" Aktivität allüberall, es war beeindruckend.

Als dann alles fertig war, kam Rudi in seinem Rollstuhl herein. Er war überwältigt. Und die, die ihn schon länger nicht mehr gesehen hatten, waren geschockt. Aus dem auch in der Krankheit noch aktiven und dem Leben zugewandten Mittsechziger war ein vom Tod gezeichneter Greis geworden. Nicht wenige hatten Tränen in den Augen. Für mich war das sehr schwierig. Ich hatte Angst, Rudi würde die Trauer und das Entsetzen in den Augen seiner Freundinnen und Freunde wahrnehmen und seinerseits mit schmerzhaften Gefühlen darauf reagieren. Aber das war nicht der Fall. Er war einfach mitgerissen, genoss es, als Geburtstagskind im Mittelpunkt zu stehen. Verfolgte aufmerksam unser Ständchen, sang selber mit viel Hingabe bei den Liedern mit, die er besonders gut kannte.

Es wurde gut gegessen, getrunken – und nach einer gewissen Aufwärmphase auch gescherzt. Es war – fast – wie immer, wenn unsere erweiterte Chorgemeinschaft etwas miteinander zu feiern hatte. Auch eine Angestellte der Pflegestation kam zum Gratulieren vorbei. Nach einiger Zeit zog sich Rudi zurück, um sich ein wenig auszuruhen. Eine knappe Stunde später stieß er wieder zu uns in den Clubraum, packte kleine Geschenke aus. Und dann ging das Fest langsam zu Ende. Es wurde sorgfältig aufgeräumt, jetzt in viel nachdenklicherer Stimmung. Alle wussten, dass es wohl ein Abschied für immer war, der jetzt bevorstand.

Am nächsten Tag, der ein Montag war und sein eigentlicher Geburtstag, hatte er Besuch von seiner Schwester. Sie war am Vortag verhindert gewesen und berichtete mir, wie sehr ihn die Feier gefreut hatte – aber auch, wie müde er war. Er muss unglaublich erschöpft gewesen sein. Das war am 11. März.

In der Folge ließen seine Kräfte dramatisch nach. Bei jedem Besuch dachte ich mir, noch schwächer kann er eigentlich nicht werden. Und jedes Mal war er noch blasser, noch müder, noch zerbrechlicher. Es war kaum zu ertragen. In dieser Phase war ich bestrebt, ihn möglichst nicht allein zu besuchen, sondern andere Menschen mitzunehmen, vor allem meine Tochter und meinen Bruder, der mir in dieser Zeit wirklich ein liebevoller und verlässlicher Helfer war. Rudi wurde von Tag zu Tag weniger, wie es der Volksmund so zutreffend ausdrückt.

Ich sagte in meiner Redaktion Bescheid, dass es sehr deutlich in Richtung Abschied ging. Und wie schon damals, gleich nach der Diagnose, bekam ich viel Verständnis und Unterstützung. Ich kam meiner Tätigkeit nach, absolvierte Termine, übernahm aber nur Aufgaben, die mir eine gewisse Flexibilität ermöglichten. Die Pressekonferenz, die es für das Mittagsjournal wahrzunehmen galt, konnte ich in dieser Situation nicht besuchen. Und es war dankenswerterweise auch nicht gefordert. Ich bemühte mich in diesen Tagen, möglichst angenehme Dinge anzugehen, mir positive Themen vorzunehmen und Termine mit mir zugetanen Menschen einzuteilen. Das gelang mir über weite Strecken, und mein Beruf war mir damals eine sehr, sehr wichtige Stütze.

So erinnere ich mich noch an eine wunderbare Ausstellung, die ich dienstlich gemeinsam mit dem Jesuiten P. Gustav Schörghofer besuchen durfte: Das kunsthistorische Museum in Wien zeigte eine Ausstellung mit Gemälden von Mark Rothko. Gemeinsam machten wir uns auf die Suche nach dem spirituellen Gehalt in dessen Arbeit, sprachen über Rothkos Arbeitsweise, seinen religiösen Hintergrund und die Assoziationen, die sich beim Betrachten der großflächigen Arbeiten einstellten – einige erinnerten an Fastentücher, die in katholischen Kirchen in den Wochen vor Ostern die Hochaltäre verbergen.

Momente wie dieser waren für mich ein Heraustreten aus meiner so belastenden privaten Situation, das Betreten einer Sphäre der Normalität. Ich war unglaublich dankbar für diese Möglichkeit. Rückblickend betrachtet war es genau richtig, in diesen Wochen arbeiten zu gehen – auch wenn es eine zusätzliche Anstrengung bedeutete.

Zwei Wochen nach dem Geburtstagsfest, wieder ein Sonntag, besuchte ich Rudi gemeinsam mit meiner Tochter und deren Partner. Wir sprachen über kleine Dinge aus Rudis Besitz, wer was bekommen sollte – nichts materiell Kostbares, Erinnerungsstücke, Dinge von hohem ideellem Wert. Es war schwer, aber wir konnten da noch einiges klären.

Am nächsten Tag der Anruf aus dem Kolpinghaus: Es geht zu Ende. Ich fuhr ins Büro, erledigte ein paar ganz dringende Dinge und machte mich dann auf den Weg zu ihm. Zutiefst verunsichert, was mich erwarten würde, zittrig, schwach. Unterwegs ging ich noch in ein kleines Handarbeitsgeschäft und kaufte mir weinrote Wolle und Stricknadeln. Ich hatte das Bedürfnis, irgendetwas ganz Normales dabeizuhaben und tun zu können in dieser so völlig unnormalen Situation.

Als ich vor seinem Zimmer stand, sah ich, dass an der Tür ein Foto angebracht war: eine weiße Blume vor einem dunkelgrau schattierten Hintergrund. Das Zeichen, dass hier jemand im Sterben lag. Tief versunken in sein Bettzeug, die Haut papierdünn, unfähig zu sprechen – so traf ich ihn an. Ich setzte mich zu ihm. Überwältigt davon, wie sehr er sich seit dem Vortag verändert hatte. Hilflos. Kurz darauf kam eine Pflegerin in das Zimmer und bot mir Tee und etwas zu essen an.

Da saß ich also. Allein. Ratlos. Irgendwie verging die Zeit. Einerseits zog sie sich hin, sehr langsam, andererseits waren die Stunden plötzlich weg, schritt der Nachmittag trotz allem voran. Irgendwann kam Markus, der Besucher, den ihm das Caritas-Hospizteam vermittelt hatte und der im Laufe ihrer beider Bekanntschaft schnell zu einem engen Freund geworden war. Ein Schweizer, der schon viele Sterbende ehrenamtlich begleitet hatte. Er war tief betroffen von der Situation und davon, wie schnell die Krankheit vorangeschritten war. Aber er hatte auch einen sehr sachlichen Blick auf die Dinge, sprach darüber, die Fenster zu öffnen, nicht auf das Trinken zu vergessen und bei den Pflegenden nachzufragen, ob sie Rudis Dokumente beisammen hatten oder ob noch etwas gebraucht werde.

Wenig später kam noch eine Besucherin: Hanna. Sie hatte ich wenige Monate zuvor bei einer dienstlichen Recherche kennen gelernt – eine Psychologin, der ich dann auch von meiner persönlichen Situation erzählt hatte. Nicht mit dem Ziel, ihre Unterstützung zu bekommen – ich weiß Dienstliches und Privates schon zu trennen –, sondern um im Vorhinein zu signalisieren: Wenn ich vielleicht unkonzentriert bin oder wenn mir die Tränen kommen, dann hat das nichts mit unserem Gespräch zu tun, sondern mit einer außergewöhnlichen privaten Belastung.

Jedes Mal, wenn ich in der Folge mit ihr zu tun hatte, erkundigte sich Hanna nach meinem persönlichen Befinden. Hörte mir zu. Gab mir Tipps. Unaufdringlich. Einfühlsam. Immer die Form wahrend. Mir taten ihre ruhige Art und ihr Mitdenken sehr gut.

Ich hatte ihr an diesem Nachmittag eine Nachricht geschrieben, nur um zu sagen, was jetzt Sache sei. Ihre Antwort kam prompt: „Soll ich kommen?" Ich war total verblüfft. Diese Frau, die bis vor kurzem eine Fremde gewesen war, wollte tatsächlich ihren Arbeitstag umorganisieren, um bei mir zu sein ... Meine Antwort war klar: „Ja, bitte – komm her."

Eine Stunde später war sie also da. Begutachtete die Situation, setze sich, nahm meine Hand. Irgendwann begann sie mit Rudi zu reden. Ganz unbefangen. Stellte sich vor, erzählte ihm, wann und wie sie mich kennen gelernt hatte. Dann berührte sie ihn ganz sanft an der Wange, befeuchtete seine Lippen mit einem Wattestäbchen, massierte ihm die Füße. Sehr konzentriert, mit Hingabe machte sie das. Ich sah ihr genau zu, wie sie es tat, ohne Scheu, diesen Sterbenden zu berühren – mit dem Selbstbewusstsein derer, die wissen, was sie tun. Sie wusste genau, wie sie ihn berühren musste, sodass sie ihm keine Schmerzen bereitete, sondern eine Empfindung von Wärme und Nähe. Ich sah ihr genau zu und lernte, dass Berührungen in dieser Situation nicht schädlich und auch nicht tabu waren. Dass man durchaus hingreifen konnte. Irgendwann folgte ich dann ihrem Beispiel und merkte: Ja, das geht, da ist gar nichts Schwieriges oder Abstoßendes dran.

Inzwischen bot uns Markus an, doch eine Pause zu machen, etwas trinken zu gehen – er würde so lange übernehmen.

Es war ein langer Nachmittag. Hanna und Markus waren stundenlang bei mir. Schließlich gingen sie nach Hause, und als auch ich mich etwas später verabschiedete, tat ich das in dem Bewusstsein, Rudi wohl nicht mehr lebend zu sehen.

Am nächsten Morgen folgte die Überraschung. Es ging ihm besser, er hatte ein Frühstück gegessen – davon hatte mich eine Pflegerin telefonisch informiert. Als ich auf dem Weg ins Kolpinghaus war, dachte ich mir, vielleicht ist das Bild mit der weißen Blume jetzt nicht mehr auf seiner Zimmertür. Aber obwohl er tatsächlich kräftiger wirkte, hing es noch immer da.

Wieder bekam ich etwas zu essen. Ich führte kurze Gespräche mit den Angestellten der Pflegestation, wie es ihm ging, wie es mir ging. Freundlich, geduldig, kompetent – ich fühlte mich gut aufgehoben. Und selber auch stärker als am Vortag. Ich hatte keine Bedenken mehr, ihn zu berühren, fühlte mich weniger fremd in der Situation. Ich erzählte Rudi von meiner Arbeit, von unserem getigerten Kater und seinen Untaten. Er hörte zu, verstand mich, sagte manchmal „ja" oder „aha".

Der Hausarzt kam mit einer Pflegenden vorbei, besprach sich kurz mit ihr. Machte ganz deutlich: „Nicht mit Schmerzmitteln sparen." Wieder war ich ein paar Stunden bei ihm, aber nicht so lang wie am Vortag. Die Perspektive auf ein Morgen, darauf, ihn am kommenden Tag wieder zu sehen, war deutlich realistischer – was sehr zur Entspannung der Situation beitrug.

Ich ging also am Nachmittag, kam am nächsten Tag zurück und fand ihn mehr oder weniger unverändert vor – nur, dass er nicht mehr sprach. Manchmal schien er unruhig zu sein. Dann befeuchtete ich seine Lippen, erzählte ihm etwas. Eine Pflegerin fragte mich, ob ich mit der Psychologin sprechen wolle, sie sei gerade da. Ich bejahte und kurz darauf kam sie vorbei. Sie erkundigte sich nach der aktuellen Situation, sehr sachlich, sprach freundlich und ruhig mit mir. Im Grunde teilte sie mir nur mit, dass alles stimmig sei, so wie es sei. Alles normal in einer derartigen Situation. Es gibt auch in Ausnahmesituationen Normalität ...

Wieder bekam ich Essen, Kaffee, Tee. Fast hatte sich eine Art Routine eingespielt. Ich hatte mir sogar Arbeit mitgenommen: ein paar Texte, die ich zu redigieren hatte. Wie jeden Tag in dieser Phase kam auch Markus vorbei, manchmal hatte er nur kurz Zeit, manchmal länger.

Während ich diese Zeilen jetzt schreibe, frage ich mich, was ich an diesen Tagen eigentlich am Abend gemacht habe. Nach meinen Besuchen im Kolpinghaus. Tatsache ist, ich kann mich nicht mehr daran erinnern. Ich werde wohl wie immer ferngesehen haben, dabei gestrickt, per Whatsapp Kontakt mit Freunden und Rudis Angehörigen gehabt haben. Vermutlich war ich am Mittwoch auch in der Chorprobe. Ich weiß es nicht mehr ...

Am Donnerstag dann war Rudi deutlich unruhiger. Immer noch hing das Bild mit der Sterbeblume an seiner Zimmertür. Sein Zustand hatte sich wieder leicht verschlechtert, aber eine Prognose wagte niemand zu geben. Ob es weiter bergab gehen würde oder kurzfristig wieder bergauf, das ließ sich nicht vorhersagen.

Seine Unruhe irritierte mich. Ich streichelte ihn im Gesicht, massierte ihm die Füße, wie ich es von Hanna gesehen hatte. Nichts half. Da setzte ich mich nahe zu seinem Gesicht, sah ihn direkt an und sagte: „Du musst dir keine Sorgen machen um mich. Es gibt viele Leute, die für mich da sind. Markus hilft mir. Die Leute vom Chor helfen mir. Lisa hilft mir. Und viele andere helfen mir auch."

Sofort entspannte sich sein Gesicht. Er kreuzte seine Arme über der Brust, atmete ganz gleichmäßig, es sah aus, als sei er eingeschlafen.

Nach einiger Zeit beschloss ich zu gehen. Die Besuche an den Vortagen hatten mich sehr angestrengt. Ich hatte das Gefühl, hier nichts tun zu können, mehr noch: als sei meine Gegenwart nicht erforderlich. Vielleicht nicht mehr erforderlich. Ich blieb dann doch noch eine Weile sitzen, hörte in mich hinein, ob es sich auch richtig anfühlte, jetzt zu gehen. Aber das Gefühl, hier in diesem Moment nicht gebraucht zu werden, blieb weiter bestehen.

Ich zog mich an und unterhielt mich noch kurz mit der Leiterin der Pflegestation. Zunächst darüber, wie es wohl weitergehen würde. Und dann sagte ich ihr ganz deutlich: „Wenn sich sein Zustand in der Nacht dramatisch verschlechtert, rufen Sie mich bitte nicht an. Ich habe kein Auto, in der Nacht fährt kein Zug. Ich könnte nichts tun und brauche außerdem meinen Schlaf. Die letzten Tage waren sehr anstrengend."

Ich hatte eigentlich mit einer skeptischen Reaktion gerechnet, mit der Frage, ob ich das ernst meine. Aber nichts dergleichen. Die Pflegerin reagierte sehr verständnisvoll und nickte. Wahrscheinlich spürte sie, dass ich es mir sehr gut überlegt hatte.

Ich hatte viele verschiedene Berichte im Online-Trauerforum gelesen und darin immer wieder eine Erfahrung gefunden: Die Sterbenden entscheiden, ob sie allein gehen wollen oder in Gegenwart der Angehörigen. Wenn sie allein sterben wollen, dann tun sie das, z. B., während die Besucher auf der Toilette sind, sich etwas zu trinken holen oder kurz vor Erschöpfung einnicken. Andererseits kann es durchaus vorkommen, dass Sterbende warten, dass sie so lang am Leben bleiben, bis eine bestimmte Person bei ihnen ist. Ich vertraute in dieser Situation fest darauf, dass Rudi es genauso halten würde, allein gehen, wenn das der Weg seiner Wahl sein sollte, oder auf mich warten, wenn er das vorziehen sollte. Wie immer es sein würde, er würde es so machen, dass es für ihn gut war – das war meine feste Überzeugung. So ging ich weg von dort, relativ ruhig und auch bestärkt dadurch, dass die Pflegerin so positiv auf mein Anliegen reagiert hatte.

Als ich am nächsten Morgen aufwachte, schaltete ich sofort das Handy ein und sah einen Anruf in Abwesenheit, der kurz nach 6 Uhr aus dem Kolpinghaus gekommen war. Ich wusste, was das bedeutete, rief eigentlich nur pro forma zurück und erhielt in wenigen freundlichen Worten die Bestätigung: Er war verstorben, kurz nach 6 Uhr, ganz ruhig.

Ich tat das, was ich immer in der Früh tue: Duschen, im Bademantel Tee trinken, mich anziehen. Dann machte ich mich auf den Weg nach Wien. Auf der Station angekommen wartete schon eine Pflegerin auf mich, sprach freundlich und ruhig mit mir, dass er nicht mehr in seinem Zimmer sei, sondern im Verabschiedungsraum, sie würde mich hinbegleiten, wenn ich das wollte. Ich musste überlegen. Ich hatte ihn so friedlich in Erinnerung, mit den gekreuzten Armen. Sollte ich mir diesen letzten Eindruck kaputt machen?

„Ich will Ihnen nicht sagen, was Sie zu tun haben", sagte die Frau, „das ist Ihre Entscheidung. Aber die meisten Angehörigen sind froh, wenn sie die Verstorbenen noch einmal im Verabschiedungsraum gesehen haben. Es ist kein erschreckender Anblick, Sie müssen keine Angst haben. Er sieht anders aus als gestern, aber nicht erschreckend."

Ich überlegte kurz und beschloss dann, ihrer Empfehlung zu vertrauen. Wir gingen in den Keller. Auf dem Weg dorthin entschuldigte sie sich, dass der Raum so nüchtern und funktional wäre. Man habe wenig Platz, deshalb – aber man gebe sich Mühe.

Der Raum sah tatsächlich aus wie eine Art frei geräumter Abstellraum: klein, nüchtern, deutlich sichtbare Heizungsrohre. Dort lag er in einem ... Ja, was war das? Ein Sarg? Wahrscheinlich. Ausgekleidet jedenfalls mit weißem Bettzeug, davor eine Grünpflanze. Die Pflegerin ging mit mir hinein, blieb eine Weile und ließ mich dann allein.

Es war eine nüchterne und ruhige Atmosphäre. Er sah tatsächlich friedlich aus, so kitschig es klingen mag, fast so, als würde er schlafen. Meine tote Mutter hatte ganz anders auf mich gewirkt. Damals, vor so vielen Jahren. Nur noch Körper, wie eine leere Hülle war sie mir erschienen. Das kommt von der Leichenblässe, hatte mir später jemand erklärt.

Rudi lag da. Ich betrachtete ihn. Alles war still. So ist das also jetzt, dachte ich. Ohne große Gefühle. Nach einiger Zeit ging ich mit der Pflegerin wieder nach oben.

Dort wurde es dann plötzlich hektisch: „Ich kann Ihnen schnell helfen, seine Sachen zusammenzupacken. Sie müssen nicht alles sofort mitnehmen, aber wir müssen die Sachen aus dem Zimmer bringen, damit es so bald wie möglich frei ist."

Und da tat es plötzlich so richtig weh. Gemeinsam mit ihr verpackte ich seine verbliebenen Habseligkeiten in Schachteln und Taschen. Bücher, Fotos, persönliche Gegenstände, Kleidungsstücke und Dokumente. Ich wollte verweilen, die Dinge genau betrachten, mir Gedanken machen und ihnen nachhängen – wissend, dass er unten im Verabschiedungsraum lag. Sein Reisepass, Zeugnisse und Zertifikate, Bestätigungen seiner Aus- und Weiterbildung. Dinge, die ihm so wichtig waren, dass er sie auf die Pflegestation mitgenommen hatte. Vorsichtig, ja zärtlich hielt ich diese Dinge in meinen Händen – und wurde freundlich ermahnt, mich zu beeilen. Sie habe nicht lange Zeit, um mir zu helfen, und wolle mich doch nicht allein lassen in dieser Situation.

So gut es ging, bemühte ich mich, meine Gefühle auszuschalten. Vielleicht war es ja auch gut, bald dieses Zimmer verlassen zu können, bald hier wegzukommen.

Schließlich war alles fertig gepackt. Ich stand da, zwei große Taschen in den Händen. Ein letztes Gespräch mit der Leiterin der Pflegestation. Sie ermutigte mich, die Trauer auf jeden Fall zuzulassen, zu weinen, wann und wo mir danach war – und abgesehen davon, meinen Alltag so gut wie möglich beizubehalten.

Ich ging in meine Redaktion. Wo hätte ich sonst hingehen sollen? Ich wollte unter Menschen sein, in einer vertrauten Umgebung. Kaum dort angekommen läutete mein Handy: die Ärztin des Caritas-Hospizteams. Markus, den ich von unterwegs angerufen hatte, hatte sie informiert. Sie war sehr freundlich, fragte nach meinem Befinden, was ich vorhätte in den kommenden Stunden und Tagen. Ich weinte, erzählte immer wieder, wie ratlos ich war, wie ich mich überhaupt nicht auf das vorbereitet fühlte, was jetzt alles zu geschehen hätte. Es tat gut, mit ihr reden zu können. Sie beruhigte mich, riet mir, Freunde oder Personen aus Rudis Familie ins Boot zu holen, um so Unterstützung in organisatorischen Dingen zu bekommen.

Nach dem Gespräch ging ich an meinen Schreibtisch, den Kopf seltsam leer. Ich begann, Routinearbeiten zu erledigen. Als ich nach einer Weile ein wenig mehr im Normalmodus angekommen war, erzählte ich meiner Chefin und meinen Kollegen, was geschehen war. Zum Glück reagierten alle sehr unaufgeregt, was mir guttat. Zum Arbeiten kam ich an diesem Tag dann nicht mehr wirklich. Ich führte verschiedene Gespräche, die meisten aus meiner Redaktion hatten Rudi irgendwann kennen gelernt. Alle waren betroffen, insgesamt herrschte eine Atmosphäre, in der ich mich gut aufgehoben und geborgen fühlte.

„Manchmal kann man nichts machen – außer weiter." Diesen Spruch hatte mir ein befreundeter Benediktinerpater geschickt, als er von Rudis Krankheit erfahren hatte. Ich versuchte, ihn so gut es ging zu beherzigen – es funktionierte erstaunlich gut. An das Alleinsein war ich ja mittlerweile gewöhnt. Das bedeutete, dass es für mich auch normal war, Rudi nicht (mehr) um mich zu haben, die Abende alleine zu verbringen. Ich muss ehrlich sagen, es war mir längst nicht immer bewusst, dass er tot war, gestorben, dass ich ihn nie wieder sehen würde. Meine alltäglichen Routinen gaben mir die meiste Zeit guten Halt: Tennistraining, das abendliche Yoga, der Chor.

Schwierig wurde es immer dann, wenn ich mit seinen Dingen hantierte. Es berührte mich so sehr, zu sehen, was er alles aufbewahrt hatte, was ihm etwas wert gewesen und jetzt gewissermaßen verwaist zurückgeblieben war. Eintrittskarten, Stadtpläne und verschiedene andere Erinnerungsstücke aus der Zeit unserer Beziehung. Aber auch Dinge aus der Zeit, bevor ich ihn gekannt hatte. Schulzeugnisse, seine alte Schneiderschere – denn bevor er sich der Feinmechanik zugewandt hatte, hatte er eine Schneiderlehre begonnen. Ich hatte ihn immer dafür bewundert, wie sorgfältig er beim Bügeln war, wie kundig er kleine Reparaturarbeiten an Kleidungsstücken durchgeführt hatte. Da hatte ich sie nun in Händen: seine große, alte, schwere Schneiderschere. Und wieder tat es sehr weh …

Rudis Nichte hatte es übernommen, die Familienmitglieder zu informieren, eine Jugendfreundin von ihm gab die traurige Nachricht an seinen Freundeskreis – den aktuellen und den von früher – weiter. Zu den so schwierigen Notarterminen begleiteten mich eine Freundin und Rudis Schwester. Bei der Durchsicht seiner Dokumente (vor allem der Papiere, die finanziell relevant waren) unterstützte mich ein befreundeter Jurist. Es stellte sich schnell heraus: Zu erben gab es nichts, zurückzuführen war das auf einen wirtschaftlichen Schiffbruch, den er vor vielen Jahre erlitten hatte. Ich war darüber nicht wirklich überrascht – nur froh, dass sich die Dinge endlich klärten, entwirrten, dass alles seine Ordnung fand.

Gut tat es mir in dieser Zeit, Dinge gestalten zu können. Auf die Partezettel und die Erinnerungsbildchen ließ ich das Foto unseres blühenden Marillenbaumes drucken. Rudi hatte ihn sehr geliebt, das Foto hatte ich am Tag seines Todes gemacht. Lange sprach ich mit der Bestatterin, einer Freundin aus dem Chor, über Texte und Schrifttypen, über graphische und inhaltliche Gestaltungsmöglichkeiten. Ich hatte mir schon zuvor Gedanken darüber gemacht. Obwohl Rudi auf seine sehr persönliche Art gläubig gewesen war, wollte ich keine frommen Sprüche – die waren nicht sein Ding. Und so stand da ganz schlicht, wie es ihm viel eher entsprach: „Es ist, was es ist – sagt die Liebe."

Eine Chorfreundin, eine sehr resolute und lebenserfahrene alte Dame Ende 70, ging mit mir auf den Friedhof, um einen schönen Platz für ein Grab zu suchen. Und sie begleitete mich auch zum Steinmetz im Nachbarort und half mir bei der Auswahl eines Grabsteins. Ihre pragmatisch-nüchterne Art war unglaublich wohltuend: „Der sieht schön aus, aber auf dieser Oberfläche sieht man jeden Regentropfen, da musst du dauern wischen ...“ Es gab mir viel Halt zu spüren, dass es in dieser seltsamen Situation jemanden gab, der so etwas wie einen Überblick hatte, der wusste, was gut und was weniger gut war. Da kannte sich jemand aus, ich war nicht allein – dieses Gefühl gab mir sehr viel Kraft.

Schön war es auch, den Gottesdienst für sein Begräbnis zu gestalten. Es gab einen bestimmten Priester, den ich mir dafür besonders gut vorstellen konnte – und der sagte auch ohne Überlegen zu, mir diesen Freundschaftsdienst zu erweisen. Und so saßen wir in der Frühlingssonne, sprachen über Rudi (den er nur einmal flüchtig gesehen hatte) und über die Lieder und Bibelstellen für die Messe. Mein Anliegen war es, die Feier unter das Thema „Alles wird gut“ zu stellen. Nicht als Etikett, nicht als laut verkündetes Motto, aber als roten Faden, von dem ich mich leiten ließ. Und so wählte ich die Bibelstellen aus: Das Ende des Buches Hiob (in dem er für seine Gottverbundenheit auch im Leid belohnt wird), die Seligpreisungen aus der Bergpredigt und das Ende des Buches der Offenbarung, wo eine neue Erde geschaffen wird und alles Bedrohliche überwunden ist.

Für Rudis Nichten und Neffen hatte ich die Fürbitten vorgesehen. Eine Nichte, die ihm besonders nahegestanden war, las ein Gedicht, das ich geschrieben hatte.

Zu den Musikstücken zählte unter anderem ein leicht kitschiges, aber sehr harmonisches Ave Maria, das mir immer noch sehr gefällt und das unser Chor in einem schönen Satz schon oft gesungen hatte – ich im Alt, Rudi im Bass. Aber auch „The Rose" von Bette Midler wählte ich aus, ein Lied, das von Schmerz und Leid, aber auch von der Möglichkeit einer guten Zukunft handelt: „When the night has been too lonely and the road has been too long (...) just remember in the winter, far beneath the bitter snows, lies the seed that with the sun's love in the spring becomes the rose."

Es waren lauter Stücke, die ich sehr mochte. Und so beschloss ich auch, beim Gottesdienst oben auf der Orgelempore mit dem Chor mitzusingen. Rudi und ich waren dort so oft gestanden, bei Proben für Festgottesdienste, zu Ostern, zu Weihnachten – im Kreis der anderen Sängerinnen und Sänger. Dort wollte ich auch während dieser so besonderen Messe sein. Ich wollte nicht vorne sitzen, in der ersten Bank, ganz nahe am Geschehen, wo auch jeder sehen konnte, ob ich weinend den Kopf senkte, ob ich ruhig war oder schluchzte.

Ich wollte oben auf der Orgelempore sein, den Blicken der großen Mehrheit entzogen. Ich wusste nicht, ob ich es tatsächlich schaffen würde. Es war nur ein Plan – von dem mir übrigens einige mir sehr wohlgesonnenen Menschen abgeraten hatten. Rückblickend muss ich sagen: Es war genau richtig so. Ich war geborgen im Kreis der Sängerinnen und Sänger. Die ganze Zeit hindurch gab es jemanden, der mich an der Hand hielt. Ich war geborgen und verborgen. Umgeben von mir vertrauten Menschen. Dort, wo wir so oft gemeinsam gesungen hatten – da stand ich in diesem Augenblick für uns beide.

9.

Zurück ins Leben

„Wer immer andere nach dem Weg fragt, wird nie zu sich selbst kommen." Dieses Zitat habe ich vor kurzem auf Facebook gefunden, zugeschrieben wurde es Paul Watzlawick (ich habe das nicht nachgeprüft). Es hat mich sofort sehr angesprochen – und das tut es immer noch. Vielleicht weil es mich noch im Nachhinein so sehr bestärkt, weil es mir in ganz knappen Worten sagt, dass ich für mich das Richtige getan habe. Genau darum geht es nämlich, für sich selber das Richtige zu tun.

Wie wird Ihr Weg weitergehen? Können Sie das im Moment überhaupt denken, dass es da einen Weg gibt, der Sie nach dem Abschied weiterführt in eine neue Zukunft? Haben Sie schon Vorstellungen, wie Sie diese (vielleicht) gestalten könnten? Überlegen Sie sich, ein Zimmer neu auszumalen oder das eine oder andere neue Möbelstück zu kaufen? Sie könnten in Betracht ziehen, bisher Aufgeschobenes in Angriff zu nehmen: eine berufliche Fortbildung, eine Reise, einen Sprachkurs ... Ich hatte noch zu Rudis Lebzeiten überlegt, nach seinem Tod Gitarrenstunden zu nehmen. Ich hatte ein recht klares Bild davon und konnte mir gut vorstellen, dass mir die Musik beim Bewältigen der Trauer helfen würde. Nicht zuletzt, weil einen das Üben sehr ins Hier und Jetzt bringt, Pausen von Sorgen, Schmerz und Ängsten ermöglicht. Und genau das war mein erklärtes Ziel: Sorgen, Schmerz und Ängste nicht über mein Leben bestimmen zu lassen.

Ich hatte in der Zeit des Abschiedsprozesses gelernt, gut auf mich zu achten. Die Psychologin in der Krebshilfe hat mich dabei unterstützt, herauszufinden, was das für mich konkret bedeutet. Wie ich nach erschütternden Erlebnissen mein Gleichgewicht wiederfinden konnte. Wie ich mit ganz einfachen Strategien (zum Beispiel mich zu belohnen, nachdem etwas Schweres gemeistert war) allen Schmerzen und Ängsten zum Trotz immer wieder freudvolle Momente erleben konnte. Ich hatte in mühsamer Kleinarbeit gelernt, gezielt die positiven Aspekte meines Lebens in den Blick zu nehmen. Diese Kompetenzen haben mir nach Rudis Tod sehr geholfen, meinen Weg weiterzugehen, ohne in ein tiefes Loch zu stürzen.

Dazu kam, dass ich mir sicher war, dass er mich in guter seelischer Verfassung sehen wollte. Er hatte mich geliebt, er hatte das Beste für mich gewollt. An dem hatte sich für mich nichts geändert. Ich hatte das Gefühl, ich hatte seinen Segen dafür, gut weiterzuleben, Beglückendes auch ohne ihn zu genießen. Er hatte mich schon zu seinen Lebzeiten dazu ermutigt, schöne Dinge auch ohne ihn zu unternehmen: Reisen, Kinobesuche, mir etwas Neues zu kaufen, Freunde zu treffen, Sport zu machen. Er hat es mir (in den allermeisten Fällen) gegönnt – auch in dem Wissen, wie wichtig diese Energiequellen für mich waren.

Mit anderen Worten: In der langen Zeit seiner Krankheit habe ich immer wieder die Erfahrung gemacht, dass trotz der bedrückenden Situation angenehme und bereichernde Erlebnisse möglich, mehr noch, dass sie willkommen sind; dass es nicht egoistisch ist, wenn ich sie genieße, sondern dass auch andere (allen voran Rudi) sie mir zugestehen. Dass es demzufolge nicht falsch ist, dass ich es mir nicht verbieten muss, etwas zu genießen. Diese Erfahrung hatte ich also schon länger: Auch in einer schweren Zeit gibt es Positives, freudige Anlässe, unterhaltsame Abende, bereichernde Begegnungen.

Auch wenn es vielleicht jetzt etwas seltsam klingt – nach Rudis Tod ging es in diesem Stil weiter. Da waren die Momente des tiefen Schmerzes – ganz besonders intensiv, wenn ich seine Sachen sortierte, in seinen Unterlagen etwas suchen musste, wenn ich Dinge in der Hand hielt, die ihm kostbar gewesen waren. So vieles hatten sie ihm bedeutet, jetzt hatte er sie zurücklassen müssen. Seine alte Schneiderschere, die er von seinem Vater geerbt hatte, seine geliebte Kamera, mit der er immer so sorgsam umgegangen war. Es war, als seien diese Gegenstände verwaist zurückgeblieben, und das machte mich sehr traurig.

Anderes ging ganz normal weiter, die Abläufe in der Arbeit etwa. Und es gab auch Lichtblicke, auf die ich mich freuen konnte. Vor allem einen möchte ich hier nennen.

Wenige Tage vor Rudis Begräbnis war die Sponsion meiner Tochter. Sie hatte während ihres Studiums gearbeitet, deshalb länger gebraucht und sich in der letzten Phase schon sehr nach dem Abschluss gesehnt. Es war eine seltsame Situation ... Ich war voller Freude an dem Tag. Freude mit ihr, dass jetzt alles geschafft ist, Freude über sie – wie toll sie alles gemeistert hatte. Ich war so stolz auf meine wunderbare Tochter. Bis zuletzt hatten wir darüber nachgedacht, wie wir es wohl einfädeln könnten, dass Rudi die Möglichkeit hat, an der Feier teilzunehmen. Das war dann freilich nicht mehr umsetzbar. Auch daran dachte ich auf der Zugfahrt zur Uni nach Linz. Es war nicht so, dass er in meinen Gedanken nicht präsent gewesen wäre. Aber da war so viel anderes: die Freude darauf, Freunde und Angehörige wieder zu sehen, die Freude auf das Fest, die Neugier auf ihr Kleid.

Es wurde dann tatsächlich eine sehr fröhliche und unbeschwerte Feier. Ich traf viele Menschen, die ich schon lange nicht gesehen hatte – allen voran die Eltern des Partners meiner Tochter: Sie waren aus Südtirol angereist und hatten als pensionierte Wirtsleute Unmengen an Sekt und Knabbergebäck mitgebracht. Danach ein gemeinsames Mittagessen in wirklich guter Stimmung, und am Abend fuhr ich weiter in mein Hotelzimmer. Ich wollte den Gästen aus Südtirol eine Ecke von Oberösterreich zeigen, die sie noch nicht gekannt hatten.

Ich denke, an diesem Tage allein heimzufahren in das leere Haus, Rudi nicht von der Feier erzählen zu können – das wäre mir sehr schwergefallen. Aber so hatte ich mein schönes Zimmer, die Aussicht auf ein gemeinsames Frühstück mit sehr lieben Leuten und darauf, ihnen das Stift zeigen zu können, in dem ich vor vielen Jahren gefirmt worden war.

Die Wochen nach Rudis Tod waren überhaupt eine sehr geschäftige Zeit. Er war Ende März gestorben, als der Marillenbaum in unserem Garten wunderbar geblüht hatte. Und ich kann mich kaum an einen Frühling erinnern, an dem so viele Ereignisse ins Haus standen.

Da war nicht nur die Sponsion. Da war auch ein Projekt des Chores: ein ganzes Programm mit Stücken, die solistisch oder in kleinen Ensembles gesungen wurden. Ich hatte mir „Both sides now" von Joni Mitchell vorgenommen, das Lied einer reifen Frau, die viele Erfahrungen gemacht hat, das Leben sehr differenziert sieht – und die doch erfährt, dass das Gute überwiegt.

Eine Situation habe ich besonders präsent: Wir sind zur Generalprobe am Veranstaltungsort. Alle sind aufgeregt, die Stimmung ist erwartungsvoll-fröhlich, wir feilen an unseren Stücken, ermutigen uns gegenseitig. In den Pausen angeregtes Geplauder. Plötzlich kommt meine Chorfreundin Maria auf mich zu, eine alte Dame, fast 80 Jahre. „Komm", sagt sie in einem Moment, in dem wir beide nichts zu tun haben, „gehen wir hinüber zum Friedhof, da kannst du dir ansehen, wie die Gräber so gestaltet sind. Vielleicht kommst du ja auf gute Ideen ..."

Maria. So umsichtig. Es war tatsächlich so, dass ich ein Grab errichten lassen musste. Rudis Familiengrab ist weit weg, sein Lebensmittelpunkt war seit langem in unserer 3000-Einwohner-Gemeinde, in der wir ein altes Haus gekauft hatten.

Und da gehen wir also über den Friedhof, an einem Samstagnachmittag im Frühling, sehen uns Granitsteine und Bepflanzungsideen an, manches einfach nur kitschig, manches sehr schlicht. Bei unserem Rundgang macht sie mich darauf aufmerksam, wo gute Plätze für das Grab wären: „Nicht zu nah bei einem Baum, da hast du immer die Blätter. Gut ist auch, wenn ein Wasseranschluss in der Nähe ist ..." Schließlich finden wir einen passenden Ort. Schön sonnig, in einer eher ruhigen Ecke – Rudi war ja auch eher ein Ruhiger.

Als wir fertig sind, gehen wir wieder zurück zum Chor. Die Proben gehen weiter.

Ich habe das so detailliert beschrieben, weil diese Erfahrung gut als Metapher dafür gelten kann, wie mein Leben damals verlaufen ist: Die Beschäftigung mit Rudis Tod war sehr wichtig – aber daneben gab es noch anderes, das mir auch in dieser Situation Freude bereitete.

Da war die Hochzeit von Rudis Nichte in der Steiermark, die (fast möchte ich sagen: natürlich) nicht abgesagt wurde. Ich hatte das Gefühl, für uns beide dort zu sein, ihn gewissermaßen durch meine Anwesenheit mitfeiern zu lassen. Wir waren uns einig: Das Fest hätte ihm gefallen, er gönnte uns das Feiern.

Da waren zwei Dienstreisen, die es vorzubereiten galt: eine nach Südtirol, die ich schon länger geplant hatte, und eine ins Amazonasgebiet, zu der ich recht zufällig gekommen war, weil aus unserem Team zum fraglichen Termin sonst niemand Zeit hatte. Also: Infos über diese Region Lateinamerikas einholen, Impfungen absolvieren, Spanischkenntnisse aktualisieren, wichtige Utensilien besorgen – ein Moskitonetz, Adapter für die Steckdosen, Reiseapotheke und so weiter.

Ich habe in dieser Zeit aber auch sehr plastisch vor Augen geführt bekommen, dass Trauer sehr vielgestaltig ist. Es war in der Tat so, dass ich nicht sehr viel geweint habe. Aber ich hatte viele Wochen lang sehr unruhige Träume, von fremden Umgebungen, in denen ich mich verirrt hatte, von Schriftzeichen, die ich nicht entziffern konnte, von Bahnhöfen, auf denen ich mein Gleis nicht finden konnte und so weiter. Das mag harmlos klingen, aber ich habe das

fast jede Nacht erlebt und es als wirklich belastend empfunden.

Trotzdem war ich „unterm Strich" überrascht, wie gut ich
mit der Situation zurechtkam. Ich habe auch Menschen in
meiner Umgebung gefragt, was sie dazu meinen. Die Antworten waren recht unterschiedlich: „Du warst gut darauf
vorbereitet." „Ihr wart miteinander im Reinen." „Er wünscht
dir, dass es dir gut geht." Aber auch: „Es gibt viele Leute, die
für dich beten."

Zu Pfingsten stand eine kleine Reise an: Tenniscamp in
Istrien. Ich hatte mich gemeinsam mit einer Bekannten angemeldet und freute mich sehr darauf. Tennistraining, das
Hotel gleich am Meer, gutes Essen, neue Menschen, einfach
Wegsein. Kurze Zeit vor der Abreise hatte sie mir mitgeteilt,
dass sie sich diesmal kein Zimmer mit mir teilen würde, ich
müsste ein Einzelzimmer buchen – sie würde eines mit ihrem neuen Freund teilen.

Nun, diese Mitteilung rief zunächst keine Freude hervor.
Ich war gerade in einer Trauersituation – und dann sollte
ich in den so heiß ersehnten Ferientagen das junge Glück
vor Augen haben? Nicht eben das, was man sich als ideal
vorstellt. Ich freundete mich dann allerdings doch mit der
Situation an. Der Freund war sehr nett und mir gegenüber
äußerst liebenswürdig, es entwickelte sich nicht so, wie ich
es befürchtet hatte.

Und doch brachte die Sache etwas in Bewegung. Am ersten Abend brachen die beiden zu einem Spaziergang auf.
Nicht ohne mich zweimal gefragt zu haben, ob ich mitkom-
men möchte. Aber ich verneinte, fühlte mich müde nach der
Reise, hatte das Bedürfnis, einmal in Ruhe anzukommen.

So war ich also allein in meinem Zimmer und holte irgendwann mein Handy hervor, um verschiedenen Leuten mitzuteilen, dass ich gut angekommen war. Und natürlich musste ich auch nachsehen, was es auf Facebook Neues gab. Ich hatte mich erst wenige Wochen zuvor angemeldet, eigentlich um mich einer Gruppe von Trauernden anzuschließen (in der ich aber dann nicht sonderlich aktiv war, es wurden hauptsächlich Fotos von Verstorbenen gepostet – für mich wenig hilfreich).

Und da schlug mir Facebook wieder diese Kennenlern-Plattform vor. Ich hatte die Seite schon öfters angeboten bekommen, sie aber nie aufgerufen. An diesem Abend allerdings ... Ich stellte mir vor, wie das junge Glück einen romantischen Spaziergang am Meer unternahm, und irgendwie erhob mein innerer Schelm seine Stimme: „Lass sie doch die Zeit genießen – und mach du inzwischen dein Ding. Probier es aus ...‟

Nun – Sie werden es ahnen – genau das habe ich getan. Ein Selfie vor dem Spiegel, die Fragen für das Profil ausgefüllt: was ich gerne mache, welche Orte ich mag und so weiter.

Dazu muss ich sagen, dass diese Plattform kein Forum à la Tinder ist. Der Großteil der hier Angemeldeten ist 40+, zum Teil recht deutlich über 40 Jahre – und es werden Menschen für die unterschiedlichsten Aktivitäten gesucht, für gemeinsames Laufen oder Opernbesuche ebenso wie für Paarbeziehungen. Ich hatte im Hinterkopf, hier vielleicht einen Partner oder eine Partnerin zum Tennisspielen zu finden. Das hatten Rudi und ich so gern gemacht, jetzt fehlte es mir. Aber ehrlicherweise muss ich eingestehen, es ist mir nicht ausschließlich um Tennis gegangen ...

Ich hatte mich also registriert, die Angaben, die ich über mich machen wollte, erstellt, ohne viel Nachdenken, aus dem Bauch heraus. Aber das war natürlich nur der Anfang. Danach musste ich schon erkunden, wer sich auf dieser Plattform so tummelte. Ich hatte insgesamt von dieser Community einen recht guten Eindruck: ganz normale, nette Menschen – viele in meinem Alter, die meisten mit Matura, fast alle recht sportlich, keine banalen „Anbagger"-Sprüche, hier geht es niveauvoll und entspannt zu.

Der innere Schelm gab sich allerdings mit dem, was ich da machte, nicht zufrieden. „Na los", stichelte er, „wenn du die Leute hier so interessant findest, dann schreib doch jemandem eine Nachricht. Vom Anmelden allein hast du schließlich nichts. Klicke einfach auf die Chatfunktion und versuch dein Glück."

Ich war mutig an diesem Abend. Und durchaus auch übermütig. So schrieb ich drei Männern eine Nachricht, zwei davon hatten bei ihren sportlichen Aktivitäten Tennis angegeben. Einer nicht.

In einem Krimi wäre das jetzt der richtige Moment für einen „Cliffhanger" – also dafür, die Szene zu verlassen und die Erzählung an einem ganz anderen Punkt weiterzuführen, um so die Spannung zu steigern. Hier kann ich das nicht. Also bleiben wir in derselben Situation, die – das kann ich Ihnen versichern – für mich aufregend genug war.

Nun, zwei haben recht prompt geantwortet. Und auch auf recht nette Weise. Der eine hat gefragt, was ich gerade mache. Und als ich geschrieben habe, dass ich auf Tenniscamp in Kroatien bin, hat er geantwortet: „Wie schön, viel Spaß! Melde dich doch, wenn du wieder da bist."

Der andere hat gleich in der Antwort von sich erzählt. Dass er sportlich ist, aber auch kulturinteressiert, dass er gerne mit Keramik arbeitet und dass er dabei alles andere vergessen kann, weil ihn diese Tätigkeit so ins Hier und Jetzt bringt ...

Sie werden es erraten – das habe ich schon insgesamt sehr interessant gefunden. Und so haben wir den Abend Nachrichten austauschend miteinander verbracht. Wir haben darüber geschrieben, wie schön es am Meer ist, was wir gern in unserer Freizeit machen, Interesse an den Vorlieben des jeweils anderen bekundet – es war eine Unterhaltung, die immer wieder zwischen Smalltalk und echtem persönlichem Austausch changierte.

Ich empfand seine Art zu schreiben als sehr angenehm: klug, keine angeberische Selbstdarstellung, mit Humor, interessiert, aber nicht aufdringlich. Und so haben wir in diesen Tagen immer wieder voneinander gelesen. Ich habe ihm erzählt, dass ich gerade mit einer Dose Holunderradler auf dem Balkon sitze, er hat erzählt, dass er gerade Pasta gekocht hat. Es war schön. Ich konnte die Kleinigkeiten der Reise mit jemandem teilen – und hatte vor dem wirklich netten Paar, mit dem ich unterwegs war, ein kleines Geheimnis.

Wochenlang haben wir einander in der Folge geschrieben. Viele Abende so miteinander verbracht. Bald nicht mehr über die Plattform, sondern über Whatsapp. Eigentlich das, was ich mir immer gewünscht hatte: jemanden kennen lernen zu können, einen wirklich ansprechenden Austausch zu pflegen im Stile der guten, alten Brieffreundschaft. Die Nachrichten wurden immer persönlicher. Ich erfuhr vieles über ihn, aus seiner Geschichte. Manchmal fiel

es uns beiden nicht leicht, einander gewisse Dinge mitzuteilen. So schrieb er mir irgendwann, dass er überzeugter
Fan des Fußballvereins Rapid Wien ist. Nun hat dieser Club
ja auch durchaus Anhänger, die man nicht eben als Gent-
lemen bezeichnen würde und die im Zweifelsfall auch einer gepflegten Prügelei nicht abgeneigt sind – aber mir war
schon klar, dass ich es hier nicht mit einem Vertreter dieser
Sorte zu tun hatte. Außerdem ist mein Vater Schiedsrichter
gewesen: Von Fußball verstehe ich also durchaus etwas.

Ich wiederum hatte Bedenken, ihm mitzuteilen, mit welcher Art von Journalismus ich mich beschäftige. Ihm zu sagen, dass es da nicht um Kultur geht oder um Wirtschaft,
sondern ausgerechnet um Religion, das war schon nicht
so einfach. Die Vorurteile, dass Menschen, die mit Religion
etwas anfangen können, altmodisch sind, Betschwestern,
irgendwie verzopft und vielleicht sogar dumm, diese Vorurteile sind ja doch recht weit verbreitet. Und so war ich
auch ziemlich nervös, als er sich nach dieser Mitteilung ungewöhnlich lang (also mehrere Stunden lang) nicht melde-
te. Oje, dachte ich. Das war zu viel für ihn. Wie schade. Andererseits: Jemanden, der sich von Vorurteilen leiten lässt,
wollte ich ja sowieso nicht.

Das Schweigen hatte dann natürlich ganz andere Gründe, er hat die Sache mit der Religion schon verkraftet – genauso wie ich die mit dem Rapid-Fanclub.

Es gab viele Momente der Verbundenheit, aber auch Missverständnisse (die meisten, aber nicht alle, recht harmlos),
Unsicherheiten, Fragezeichen. Ist es nicht zu früh? Sind wir
schon bereit, uns aufeinander einzulassen? Denn, das war
bald klar, ein schnelles Abenteuer wollten wir beide nicht.

So fassten wir also nach über zwei Monaten wirklich ernsthaft ein Treffen ins Auge. Und wieder wurde die Sache sehr, sehr aufregend.

Es war Sommer und ich hatte mir ein zweites Kleid mit in die Arbeit genommen, damit ich mich umziehen konnte. Zu meinem ersten Date seit so vielen Jahren wollte ich nicht verschwitzt erscheinen. Und noch etwas hatte ich dabei: zwei Dosen kroatischen Holunderradler, in Alufolie eingewickelt, damit sie schön kalt blieben.

Wir hatten ein Treffen am Bahnhof ausgemacht, er kam ja per Bahn nach Wien. Und genau das entpuppte sich als Pferdefuß, denn plötzlich kam die Nachricht: „Der Zug steht und fährt nicht weiter, die Durchsage war sehr unklar, keine Ahnung, wie lang das noch dauert." So wurden viele Nachrichten hin- und hergeschickt. „Es geht weiter." „Nein, doch nicht. Der Zug steht schon wieder." „Wo treffen wir uns?" „Holst du mich im Büro ab?" „Ist doch der Bahnhof besser?"

Ich gebe zu: Sehr konzentriert war ich an diesem Nachmittag nicht bei der Arbeit. Im Schreibtisch hatte ich ein Fläschchen mit pflanzlichen Beruhigungstropfen. Das war eigentlich für berufliche Krisensituationen gedacht, Konflikte mit Vorgesetzten oder Ähnliches. Nun kamen sie für diese ganz private Ausnahmesituation zum Einsatz.

Schließlich vereinbarten wir, dass wir uns doch nach meinem Dienstschluss in einem Café am Hauptbahnhof treffen wollten. Mit dem Plan, dann den Holunderradler auf der Wiener Donauinsel am Wasser zu trinken.

Die Fahrt zum Bahnhof war geprägt von großer Nervosität. Wie würde es werden? Dann kam seine Nachricht: „Bin da, sitze an einem Tisch in der Mitte des Cafés am

Fenster. Du findest mich leicht, der Raum ist fast leer."
Herzklopfen.

Ich ging so schnell ich konnte durch die Bahnhofshalle
– und dann sah ich ihn von der Ferne. Da saß ein Fremder,
der mich nicht im Geringsten beeindruckte. Genau das hatte ich befürchtet. Also gut …

Ich ging zu seinem Tisch. Er sagte: „Lass dich umarmen"
und tat das dann auch, sehr vorsichtig. Ich fühlte mich nur
verwirrt. Was tun? Er war mir so fremd! Wir hatten einander so viele sehr persönliche, sehr vertrauliche Dinge mitgeteilt. Wir hatten geblödelt und ernste Themen verhandelt.
Und jetzt das: Er war mir so fremd.

Also hinsetzen, Smalltalk. Er beschrieb mir seine Zugfahrt. Ich bestellte ein Mineralwasser. Er fragte mich nach
meinem Arbeitstag. Auf angenehme Art und Weise verstand er es, das Gespräch im Fluss zu halten. Das fiel mir
positiv auf und ich war ihm sehr dankbar dafür.

Vielleicht wäre ich – wenn die Dinge nur ein wenig anders gewesen wären – nach dem Austrinken meines Mine-
ralwassers einfach nach Hause gefahren. In dem Bewusstsein, dass es ein Versuch war, nicht mehr. Aber es gab etwas,
das dagegen sprach: Erstens konnte ich dieses wunderbare Wohlbefinden, das ich beim schriftlichen Austausch mit
ihm empfunden hatte, nicht einfach wegschieben. Es war,
trotz allem, ein Faktum. Außerdem hatte ich den Holunderradler. Wir hatten uns vorgenommen, den gemeinsam zu
trinken. Und so wollte ich es trotz allem halten.

Also gingen wir in etwas merkwürdiger Stimmung zur
U-Bahn – er musste meine Vorbehalte wohl spüren – und
kamen wenig später am Wasser an, in einer wunderbaren

Abendstimmung, lauter fröhliche Menschen, die die Wärme und die frische Luft genossen.

Wir setzten uns mit unseren Dosen (sie waren wirklich schön kalt geblieben) etwas abseits hin, sprachen über dieses und jenes. Er erzählte unter anderem von seinem Optiker und seiner Augenärztin. Es war insgesamt irgendwie unwirklich.

Und dann begann ich mehr und mehr, die schöne Umgebung und den angenehmen Abend zu genießen. Wir saßen auf einer Uferböschung und blickten beide ins Wasser. Er hörte zu reden auf, und ich fühlte mich zum ersten Mal seit Stunden ansatzweise entspannt. Ich zog meine Sandalen aus, legte mich auf der Böschung zurück und beobachtete die Wölkchen am abendblauen Himmel. Eine Weile lang. Ganz still. Und dann nahm ich seine Hand, aus einem Impuls heraus, ohne Nachdenken. Es fühlte sich gut an, diese Hand zu halten. Es war ein Gefühl, als würde ich ihn jetzt endlich wiedererkennen als den Menschen, mit dem ich mich wochenlang so eifrig ausgetauscht hatte.

Nach einer Weile standen wir auf und gingen ein Stück, bis wir schließlich in einem Lokal landeten, in dem wir uns einen italienischen Antipasti-Teller teilten. Er sprach von seiner großen Tochter, die im Herbst in die Maturaklasse kommen würde. Ich hörte interessiert zu. Es berührte mich, welche Gedanken er sich als Vater machte, wie sehr er versuchte, sich in ihre Lage hineinzuversetzen. Ich fühlte mich wohl. Das Essen war gut. Was er sagte, interessierte mich, und ich konnte auch mitreden. Schließlich hatte ich die Studienwahl meiner Tochter noch in guter Erinnerung, all die Zweifel, all die Unsicherheiten. Irgendwie schaffte ich es, meine innere Bewertungsinstanz auszuschalten. Ich war ganz im Hier und Jetzt, ohne mir dauernd Fragen zu stellen à la: „Passt er wirklich zu mir? Fühle ich mich wirklich gut oder ist das Wunschdenken? Was, wenn er sich nur verstellt? Kann das etwas werden mit uns?" Nichts davon zog durch meinen Kopf. Stattdessen saßen wir einfach da und achteten sehr genau darauf, dass wir alles gerecht teilten: die Kapernbeeren, die Oliven, die Wurst- und Käsestücke.

Schließlich mussten wir aufbrechen. Er hatte noch einen nicht eben kurzen Heimweg vor sich und ich ebenfalls ein schönes Stück bis nach Hause. So saßen wir also wieder in der U-Bahn. Diesmal hielten wir uns an den Händen. Und wir vereinbarten: Wir wollten einander wiedersehen.

Wirklich überzeugt war ich noch nicht. Aber ich war bereit, dem Ganzen eine Chance zu geben. Ich wollte nichts erzwingen und nichts kategorisch ausschließen – ich wollte einfach erleben, in welche Richtung sich die Dinge entwickeln würden. In der Hoffnung, dass es eine gute Richtung sein würde – was immer das dann im Konkreten bedeuten würde.

Hier könnte ich meinen Bericht enden lassen, denn dass wir uns füreinander entschieden haben, ist ja schon angeklungen.

Wir haben uns also wieder getroffen und wieder Dinge unternommen. Im November – ein paar Monate nach unserer ersten persönlichen Begegnung – waren wir in Andalusien, in Malaga. Ein Städtetrip, 3 Nächte – fast die ganze Zeit hat es geregnet und wir haben uns trotzdem großartig amüsiert. Wir haben ein Antiquariat besucht, ein Museum, Tapas gegessen, eine Bar entdeckt – und wir haben sehr, sehr viel gelacht.

Aber, das möchte ich nicht verhehlen, es gab auch andere Situationen. Es gab Konflikte, in denen wir das Gefühl hatten, keinen Ausweg zu finden. Nicht einmal Worte haben wir gefunden, da war dann dieses verzweifelte Schweigen und wiederholte Fragen wie: War es das jetzt mit uns? Passen wir doch nicht zusammen? Ist es doch noch zu früh?

Jetzt, in der Rückschau verstehe ich diese Dinge, kann ich erkennen, was mich damals so unaussprechlich irritiert hat (und ihn wohl auch): Meistens war es so, dass eine Situation, ein Problem, eine Aussage in einem von uns etwas getriggert hat. Dass man sich irgendwie zurückversetzt gefühlt hat in eine unangenehme Situation aus der vorhergegangenen Beziehung. Oft auch dann, wenn die Kommunikation (wie es bei uns so oft der Fall war) per SMS erfolgte. Die Frage „Kannst du nicht früher kommen?" kann ganz neutral aufgefasst werden oder als genervter Vorwurf, der eigentlich meint: Nie kannst du pünktlich sein. Einer reagiert dann vielleicht geradezu aggressiv, weil er diesen Ton nicht schon wieder angeschlagen hören will – und der andere ist verwirrt: woher diese Wut angesichts einer ganz einfachen Frage.

Da half nur eines: sich immer wieder aussprechen. Auch wenn es mühsam war (und immer noch ist) herauszufinden, was der andere meint, erklären, warum dieses oder jenes nicht erwünscht ist. Klären: Es ist nicht so, dass ich dich nicht mag; es sind bestimmte Umstände, mit denen ich schlechte Erfahrungen gemacht habe – und immer wenn ich das Gefühl habe, die kündigen sich wieder an, werde ich misstrauisch.

Menschen sind verschieden. Was der eine als Liebesbeweis auffasst, ist für den anderen einfach nur aufdringlich. Der frühere Partner war vielleicht introvertiert und wollte nicht, dass allzu viel nachgefragt wird, wie der Tag so war. Der neue Partner ist da offener und empfindet es als Desinteresse, wenn nicht nachgefragt wird. So entstehen Missverständnisse, die sehr unangenehm werden können, wenn man sie schwelen lässt. Beschäftigt man sich aber mit dem, was dahintersteckt, gelingt es durchaus, sie auszuräumen und eine solide Vertrauensbasis zu schaffen.

Ganz einfach war und ist sie nicht, diese Gleichzeitigkeit: das Alte loslassen und das Neue beginnen. Der Prozess, die verlorene Beziehung zurückzulassen, sich von dem Verstorbenen und von so vielem mit ihm Verbundenen zu verabschieden – dieser Prozess muss ja trotzdem durchlebt werden. Wird er nicht abgeschlossen, können die Weichen nicht dauerhaft in Richtung Zukunft gestellt werden.

Ein Gedanke, der bei uns kaum eine Rolle gespielt hat, der aber naheliegend ist und viele beschäftigt, lautet: Hängst du immer noch an deinem Partner von damals? Die begeisterte Beschreibung eines Urlaubserlebnisses von damals, die Enttäuschung, dass das Kuchenrezept nicht so gut ankommt wie beim früheren Partner – ganz banale Dinge können da sehr viel auslösen: Unsicherheit, Streit, Verzweiflung.

Es ist schwierig, eine langjährige Beziehung loszulassen. Das gilt für beide Szenarien, egal ob man dieses Loslassen in einer neuen Partnerschaft erlebt oder allein. Beides ist schwierig, aber es ist anders schwierig. Es sind andere Krisen, die sich ergeben (können). Aber ohne Krisen wird es kaum gehen. Wer allein ist, fühlt sich oft, als würde er in einem verwaisten Heim leben. Wer in der Trauerphase eine neue Partnerschaft findet, kann den Eindruck gewinnen, in zwei Häusern gleichzeitig zu leben. Ich selber hatte einmal einen Traum, in dem Rudi ein Nachbar von uns war. Dieses Bild gefällt mir immer noch sehr: Er ist da, ganz in der Nähe. Man kann im Sommer miteinander grillen oder Ableger von Pflanzen tauschen. Man kann einander zum Jahreswechsel Glücksbringer geben oder einen Kalender schenken.

Und doch wohnt jeder in seinem Haus. Man weiß in der Regel, wann es genug ist, wann jeder wieder zu sich geht. Um einander (vielleicht schon recht bald) wieder einen Besuch abzustatten. Insgesamt würde ich es so formulieren: Es gilt, sich Schritt für Schritt aus dem Vergangenen herauszutrauen und „herauszutrauern". Natürlich kann man darauf bestehen, das Vergangene nicht vergangen sein zu lassen. Das ist eine sehr nachvollziehbare Haltung – aber auf lange Sicht bringt sie nichts. Denn das Vergangene ist nicht mehr gegenwärtig. Oder um bei dem Vergleich mit den Gebäuden zu bleiben: Es ist ein Haus, das nicht mehr bewohnbar ist.

Ich sehe es für mich und mein Leben so: Es ist eine große Chance, in reifen Jahren eine neue Beziehung beginnen zu können. So vieles von dem, was man wider besseres Wissen und falsch gemacht hat, kann man jetzt anders machen. Die Fehler und Verletzungen aus der Vergangenheit können zurückgelassen werden, die Zukunft kann auf der Basis dieser Erfahrung neu gestaltet werden.

In meinem konkreten Fall bedeutet das, die Dinge nicht auf sich beruhen zu lassen, so lang sie nicht wirklich geklärt sind. Reden, reden, reden. Ich vergleiche das gerne mit Gartenarbeit. Wer schöne Beete haben will, muss immer wieder jäten. Sonst gewinnt das Unkraut die Oberhand und statt bunter Blüten wuchern nur noch Disteln. Macht man sich aber die Mühe, von Anfang an achtsam zu sein und alles Unliebsame anzugehen, dann hat das Gewünschte genügend Raum, zu gedeihen und duftende Blumen hervorzubringen.

Ich habe mich bemüht, es so zu halten – und ich bemühe mich immer noch. So ist sie also weitergegangen, meine Geschichte.

Ihre entwickelt sich vielleicht in eine andere Richtung. Es ist kein „Muss", einen neuen Partner zu finden. Bei manchen geschieht es schnell, bei manchen nach langer Zeit – oft plötzlich und unerwartet –, und andere finden in ein erfülltes Leben ohne Zweierbeziehung. Niemandem verpflichtet zu sein, bedeutet Freiheit, etwa sich beruflich zu verändern, ins Ausland zu gehen. Eine Möglichkeit, die in Form von ehrenamtlicher Tätigkeit auch nach der Pensionierung immer offensteht. Andere entscheiden sich dafür, sich mehr im Familienleben einzubringen, das Zusammensein mit den Enkelkindern so richtig und ausgiebig zu genießen.

Vielleicht beschließen Sie, etwas Neues zu beginnen. Etwas, das in den letzten Jahren zu kurz gekommen ist, wieder zu pflegen. Etwas, das Sie schon lang tun wollten, in Angriff zu nehmen. Es ist wie beim Fliegen, es braucht seine Zeit, manchmal mehr, manchmal weniger, aber wenn das Grau der Wolkendecke überwunden ist, wenn es gelungen ist, sie zu durchbrechen und zurückzulassen – dann eröffnet sich ein schier endloser Himmel in einem wunderbaren Blau.

10.

Spiritualität

„Es war Gottes Wille." Diese lapidare Erklärung ist früher oft gegeben worden, wenn jemand einen Schicksalsschlag erlebt hat. Geistliche, die keine Ahnung davon haben, was es bedeutet, ein Kind oder einen Partner zu verlieren, waren wohl besonders eifrig im Verteilen niederschmetternder Trostfloskeln – zumindest erinnern sich viele an derartige Aussagen. Wobei man den Geistlichen zugutehalten muss, dass sie wohl meistens aus einer Not heraus gehandelt haben. Sie sollten das Unerklärbare erklären, da blieb wahrscheinlich oft nichts anderes als der Verweis auf eine höhere Macht. Statt die eigene Ratlosigkeit, Bestürztheit in vielen Fällen zuzugeben (das hätte damals nicht zu ihrem Selbstverständnis gehört), holten sie das eine Argument hervor, dem man schwer etwas entgegenhalten konnte.

„Es war Gottes Wille", diese Erklärung hat Rudi vor Jahrzehnten vom Pfarrer seiner steirischen Heimatgemeinde gehört, als sein jüngster Bruder begraben wurde. Jahrelang hatte ihn der Knochenkrebs gepeinigt, sogar ein Bein war ihm abgenommen worden. Nichts und niemand konnte ihm helfen. 20 Jahre wurde er alt.

Die vier Worte des Priesters – eine Standarderklärung, ohne viel Nachdenken dahingesagt, vermute ich – haben für Rudi zum innerlichen Bruch mit der römisch-katholischen Kirche geführt. Mit einem Gott, dessen Wille es ist, einen jungen Menschen so zu quälen, wollte er nichts zu tun haben. Und noch weniger mit denen, die Gott zu einem derart willkürlich agierenden Folterknecht hochstilisieren. Schon als Kind hatte der jüngste Bruder eine Tumorerkrankung gehabt (mit all den Torturen, die damit verbunden waren), eine Zeit lang war Ruhe – dann wieder Krebs und der frühe Tod. Welcher Gott kann das wollen? Aus welchem Grund? Und was ist von denen zu halten, die ihn mit so simplen Totschlagargumenten aus der Verantwortung entlassen? Die Antwort gibt sich hier von selbst, denke ich. Mein Impuls wäre: Nichts wie weg von solchen Menschen, nichts wie weg von einem solchen Glauben.

Rudis letzte Lebenszeit, der Abschied von ihm und der Neubeginn – das Erleben dieser Phasen hatte für mich eine sehr starke spirituelle Komponente, jenseits dieser eben skizzierten, althergebrachten und heute überholten Vorstellungen. Ich bin katholisch sozialisiert, ich bekenne mich zum Christentum – aber das, worüber ich jetzt schreiben möchte, beruht zu großen Teilen auf der Basis einer Spiritualität, die sich umfassender versteht. Nicht wenige meiner Erfahrungen, denke ich, könnte ich gut und gern auch als Jüdin oder Muslimin gemacht haben. Ich verstehe sie als transzendent in dem Sinn, dass sie auch die eine oder andere religiöse Grenze überschreiten.

Es geht hier also nicht um den allmächtigen Gott, der seine Zeit damit zubringt nachzudenken, wem er denn den einen oder anderen persönlichen Supergau zumuten möchte.

Es geht hier zunächst gar nicht um Gott (von dem es übrigens in der abrahamitischen Tradition heißt, man solle sich kein Bildnis machen – eine Anweisung, die ich für sehr wichtig halte). Es geht um Sie. Es geht um mich. Es geht um das Erleben. Denn hier wurzelt für mich jede Art von Spiritualität: in dem, was ist, in dem, was ich wahrnehme. Das ist kein besonders origineller Gedanke, die gesamte Achtsamkeitsbewegung beruht genau darauf. Inzwischen ist daraus eine richtige Mode geworden. Der Slogan von der Achtsamkeit ist so weit verbreitet und so beliebig, dass er einem schon wieder auf die Nerven gehen kann. Und dennoch verdient das Phänomen Beachtung.

Trauer – und dazu zähle ich auch die Zeit vor dem endgültigen Abschied, weil auch hier viele Verluste betrauert werden – ist ausgesprochen ermüdend. Und zwar nicht zuletzt deshalb, weil die Wahrnehmungsfähigkeit besonders hoch ist. Das ist anstrengend, weil es hier ja über einen langen Zeitraum hinweg gilt, besonders viele und besonders intensive Sinneseindrücke anzunehmen, zu sortieren, einzuordnen. Die Psyche braucht viel Energie, um diese Leistung zu bewerkstelligen. Da gilt es Erinnerungen mit aktuellen Wahrnehmungen abzugleichen, da gilt es Widersprüche aufzulösen oder mit ihnen zumindest zurechtzukommen und vieles mehr.

Diese erhöhte Wahrnehmungsfähigkeit von Menschen in Abschiedssituationen ist weithin bekannt. Es heißt dann, sie sind halt gerade besonders dünnhäutig, die Nerven liegen blank und so weiter. Interessant finde ich, dass das in der Regel mit negativen Situationen in Verbindung gebracht wird. Dass jemand angesichts einer unbedachten Bemerkung in Tränen ausbricht oder angesichts einer objektiv betrachtet nur kleinen Hürde die eigene Kompetenz, ja die eigene Überlebensfähigkeit in Frage stellt.

Ich möchte Sie an dieser Stelle dazu ermuntern, diese intensivierte Wahrnehmungsfähigkeit auch im Hinblick auf das Positive bewusst einzusetzen. Es gibt nicht nur uneinfühlsame Bemerkungen im Kollegenkreis – es gibt auch den Duft von frischem Kaffee, den Gesang der Vögel, die vom Sonnenuntergang gefärbten Wolken. Auch diese Eindrücke werden intensiver erlebt und können kleine Oasen der Freude darstellen.

Mir haben damals übrigens die so oft kritisierten sozialen Medien, Facebook, Twitter und Co sehr geholfen. Ich hatte mich angemeldet, um in schwierigen Zeiten neue Kontakte knüpfen zu können. Bei Facebook war es konkret das Ziel, mich einer Online-Trauergruppe anzuschließen. Schnell habe ich dann erkannt, dass auf Social Media viele Menschen Fotos von ganz alltäglichen Motiven posten: Blätter, die in der Sonne glänzen, Regentropfen auf einer Rosenblüte, der eigene unendlich lange Schatten an einem Sommerabend, witzige Aufschriften in der Stadt (etwa die Speiseeissorte „kalter Herbert", die ich in der Wiener Innenstadt entdeckt habe) – was auch immer. Mir haben diese Bilder immer viel Freude gemacht, und ich habe dann selber begonnen, mit dem Handy zu fotografieren und diese Bilder dann zu teilen.

Das hatte einerseits zur Folge, dass sich mit der Zeit ein Grüppchen von Online-Freunden gebildet hat, die denselben Humor haben und die ähnliche Dinge im Alltag bemerken, fotografieren und posten. Auch wenn das natürlich keine tiefgehenden Beziehungen sind, so finde ich es doch immer noch schön, Teil dieses Netzwerkes von (zumindest in dieser Hinsicht) Gleichgesinnten zu sein.

Die zweite Folgeerscheinung ist für mich die wichtigere: Mein Blick hat sich deutlich geschärft. Es ist quasi automatisch passiert, dass ich mit immer mehr Aufmerksamkeit durchs Leben gegangen bin, immer offener geworden bin für lohnende Fotomotive, außergewöhnliche Perspektiven, besondere Lichtstimmungen und so weiter. Ich habe Bilder gemacht, online gestellt, positive Rückmeldungen bekommen, mich darüber gefreut – auf diese Weise ist eine positive Dynamik entstanden, die ich auf keinen Fall missen möchte. Ich habe gelernt, das Schöne bewusst wahrzunehmen und zu teilen. Es ist wie das Eintreten in einen Dialog mit der Wirklichkeit, die einen umgibt. Je besser man lernt hinzuhören, desto mehr erfährt man. Zunächst ist es das Deutliche, Laute. Aber mit der Zeit wird man auch sensibel für die Zwischentöne, das Leise, das Verborgene, das sich nicht sofort erschließt. So zumindest habe ich es erlebt. Ein aufmerksamer Dialog mit der Wirklichkeit rund um mich, der mich nicht selten neu ausgerichtet hat hin zum Positiven, der mich zuversichtlich gestimmt und getröstet hat.

Ein sehr besonderes Erlebnis in dieser Hinsicht hatte ich in Rudis letzten Lebenstagen. Ich war zu Besuch bei ihm im Kolpinghaus und habe für einen Moment sein Zimmer verlassen, um auf die Toilette zu gehen. Und da habe ich das gesehen: Im Nachbarzimmer stand die Tür offen, es war leer. Durch das Fenster war ein extrem schöner Sonnenuntergang zu sehen. Das Licht war sehr stark und von einem ausgesprochen intensiven Orange. Im Vordergrund, in dem Zimmer, ein Pflegebett mit dem berühmten Dreieck als Aufrichtehilfe über dem Kopfpolster – daneben ein leerer Rollstuhl. Ganz deutliche Symbole für Behinderung, Schwäche, Krankheit. Aber vor dem Hintergrund der so spektakulär sinkenden Sonne haben sie sich seltsam unwirklich ausgenommen, nicht mehr als dunkle Konturen vor diesem so kräftigen Licht, das für Wärme, Energie und Leben steht. Es fällt mir schwer, diesen Augenblick zu beschreiben. Und noch schwerer fällt es mir, seine Botschaft in Worte zu fassen. Der Blick durch diese offene Tür hat mich tief erschüttert und mir gezeigt: Auch wenn im Vordergrund Hinfälligkeit und Vergänglichkeit sein mögen, dahinter ist mit aller Kraft das Leben, das sich nie erschöpft und immer wiederkehrt.

Es ist immer beides da: das Schöne und das Schreckliche. Wer nur das Schreckliche sieht, nimmt die Welt nicht so wahr, wie sie ist. Auch wenn die Versuchung groß ist, sich auf das Schmerzliche, das Schwierige, das Beunruhigende zu konzentrieren – es ist immer beides da. Wer nur das Negative sieht, wird der Welt nicht gerecht.

Ich habe mich früher immer wieder gefragt, warum es im Judentum so ein besonderer Ehrentitel ist, ein „Gerechter" zu sein. Und im Christentum, im Neuen Testament, wird Josef von Nazareth als Gerechter bezeichnet. Nun, den wahren Grund dafür kenne ich bis heute nicht, vielleicht hat er mit einer Übersetzung aus dem Hebräischen zu tun. Aber beim Nachdenken darüber ist mir deutlich geworden, wie wichtig es ist, den Dingen gegenüber, dem Leben gegenüber – letztlich auch Gott gegenüber – eine gerechte Haltung einzunehmen. Eben beides zu sehen. Natürlich ist es legitim, ihn anzuklagen, weil er uns einen geliebten Menschen wegnimmt. Und gleichzeitig ist Grund da, ihm zu danken: für das Leben in einem der reichsten und sichersten Länder dieser Welt, für die Beziehungen, die wir haben, für Kinder, Geschwister, Freundinnen und Freunde. Diese und viele andere Dinge sind (trotz allem) da und bleiben wertvoll. Sie können uns in Krisensituationen tragen und uns danach neue Perspektiven bieten.

Seien Sie gerecht! Machen Sie Ihr Leben nicht eng, indem Sie es ausschließlich auf diesen einen Verlust hin ausrichten. Machen Sie es weit, eröffnen Sie einen Raum für die Reichtümer, die es – auch – zu bieten hat.

Ich habe in diesem Buch schon einmal den Jesuiten erwähnt, mit dem ich ein Interview zum Thema „Entscheidungen finden" gemacht habe. Die Jesuiten sind ja Experten, wenn es um die sogenannte „Unterscheidung der Geister" geht. Dieses Kriterium, nämlich „Führt etwas in die Enge oder in die Weite?", begleitet mich seither.

Nun weiß ich natürlich, es ist viel verlangt, gerade in Verlustsituationen das Positive in den Blick zu nehmen. Es gibt viele Tage, an denen das einfach nicht gelingt. Punkt. Das ist so. Da hilft es auch nichts, sich mit einem Zwang hin zum positiven Denken selber zu überfordern – das Scheitern ist dann vorprogrammiert. Es wird nicht immer gehen, das Gute wahrzunehmen, es gar zu genießen. Aber vielleicht gelingt es Ihnen, zumindest daran zu denken, dass es das Gute gibt. Auch wenn Sie es heute nicht spüren, im Bauch oder im Herzen, so können Sie sich doch im Kopf, rein gedanklich, in Erinnerung rufen: Es gibt schöne Erlebnisse. Nicht für Sie an diesem Tag, einverstanden. Aber grundsätzlich sind sie da. Der See, zum Beispiel, an dessen Ufer man ein Glas frischer Limonade trinken kann – er ist da, er existiert weiterhin. Er ist nicht vom Erdboden verschwunden.

Das ist übrigens eine Erkenntnis, die der Koran ganz explizit hervorhebt. Sinngemäß heißt es dort: Wenn etwas Schwieriges im Leben um sich greift, dann kommt gleichzeitig auch das Leichte. Nicht danach, wenn das Schwere überwunden ist, sondern zeitgleich, in derselben Situation. Als ich das zum ersten Mal gehört habe – das war schon nach Rudis Tod –, hat mich das sehr berührt. Weil es sich mit meinen Erfahrungen gedeckt hat.

So seltsam es vielleicht klingen mag: Für mich ist es eine wichtige spirituelle Übung, diese Art von Gerechtigkeit zu pflegen (und oft genug gelingt mir das nicht, aber das macht nichts, ich übe eben weiter). Nicht umsonst stellt sich Mephisto in Goethes Faust als „der Geist, der stets verneint", vor. Es ist eine Dynamik, die ins Unheil führt, immer nur das Negative, den Verneinenden zu sehen. Dieser Dynamik gilt es Einhalt zu gebieten im Sinne der oben beschriebenen Gerechtigkeit.

Wenn das gar nicht geht, wenn ein Blick heraus aus dem Negativen überhaupt nicht (mehr) möglich ist – dann würde ich dazu raten, medizinische Hilfe zu suchen. Dann könnte es sein, dass hier eine Depression vorliegt, eine Krankheit. Die gilt es zuallererst zu bekämpfen, bevor man sich der Gerechtigkeit dem Leben gegenüber zuwenden kann. Das ist kein persönliches Versagen, kein Unvermögen, die Dinge richtig zu sehen – es ist eine Erkrankung. Ein Mensch mit

Fieber kann keinen Sport machen, und ein Mensch mit Depressionen kann keine nachhaltig-positiven Zukunftsperspektiven entwickeln. Ist die Krankheit geheilt, geht beides wieder. Um aus der Krankheit herauszukommen, gilt es medizinische Hilfe in Anspruch zu nehmen.

Ich selber habe es nicht so erlebt, aber ich habe es oft von anderen gehört, dass sie beginnen, mit Gott zu hadern. Warum gerade ich? Warum mutet er mir das zu? Wie kann ein guter Gott das zulassen?

Im Sommer 2015 war die ökumenische Sommerakademie im Stift Kremsmünster dem Thema „Warum Leid?" gewidmet. Es gab Vorträge dazu aus unterschiedlichsten Perspektiven und engagierte Diskussionen, im Anschluss an die Referate ebenso wie in den Pausen. Nicht alles konnte ich verfolgen, weil ich zwischendurch Beiträge für aktuelle Radiosendungen gemacht habe. Aber eine These, die damals formuliert wurde, hat mich doch sehr getroffen und seither nicht mehr losgelassen. Sie lautet: Das Leid ist in der Schöpfung, damit die Menschen den Kontakt zueinander suchen. Erst im Leid, so die Begründung, wendet man sich an andere, um Rat und Unterstützung zu bekommen. So lange alles gut ist, ist man sich selbst genug, genießt man das eigene Glück in einem vergleichsweise kleinen Kreis. Aber wenn etwas passiert, wenn man Hilfe braucht, dann gilt es über diesen Kreis (der wahrscheinlich ebenso betroffen und in seinen Möglichkeiten eingeschränkt ist) hinauszugehen. Es gilt, neue Personen zu suchen und zu finden, neue Netze zu knüpfen, neue Gemeinschaft zu schließen. So gesehen handelt es sich hier um ein transzendentes Geschehen, weil die Grenzen des eigenen Bereiches überschritten werden müssen, um Halt in dieser schwierigen Situation zu finden.

Wer glücklich ist, hat keinen Grund hinauszugehen. Er findet sozusagen alles vor der Haustür. Hinausgehen werden diejenigen, die sich auf die Suche machen (müssen), weil im eigenen Bereich Mangel herrscht, weil etwas fehlt, weil etwas nicht in Ordnung ist.

Und so zynisch das vielleicht auch klingen mag, so sehr man sich auch wünschen würde, daheimbleiben zu können und dort (wieder) alles Nötige vorzufinden – so sehr ist es doch für mich ein plausibler Gedanke, dass uns das Leid dazu bringt, uns für andere zu öffnen. Einfach, weil uns so schmerzhaft bewusst wird, dass wir es allein nicht schaffen.

Weil vorhin vom Gerechtsein die Rede war – es ist tatsächlich so, dass das Leben ungerecht ist. Die Welt ist ungerecht. In vielerlei Hinsicht haben wir das große Los gezogen. Wir leben in einem privilegierten Teil der Welt, wir müssen nicht vor Krieg und Hunger flüchten. Wir leben in einer Zeit, in der vieles möglich ist, in einer Freiheit, die sich vor 150 Jahren kaum jemand hätte vorstellen können. Für Frauen wurde unendlich viel erreicht – auch wenn so manches noch aussteht. Nie zuvor ist ihnen so viel offengestanden.

Da sind wir also auf die Butterseite gefallen. Insgesamt, gesellschaftlich gesehen. Und dennoch gibt es auch hier schwere Schicksale, von denen niemand weiß, warum sie gerade in dieser Form zustande gekommen sind. Und das ist ungerecht. Menschen, die die Eltern früh verlieren, Frauen, die mehrere Fehlgeburten haben und vielleicht nie ein gesundes Kind zur Welt bringen können. Während die einen bis ins hohe Alter halbwegs gesund bleiben – obwohl sie vielleicht nie auf ihre Gesundheit geachtet haben –, sind andere mit schweren Krankheiten konfrontiert, die ihr Leben einschränken oder vielleicht gar früh beenden.

Ja, das ist ungerecht. Und will man nicht in Platitüden à la „Gottes Wille" abgleiten, dann muss man wohl zugeben, dass es auf die Frage nach dem Warum zunächst keine Antwort gibt. Vielleicht wird sie auch nie gefunden. Vielleicht erschließt sie sich, irgendwann, rückblickend. Vielleicht werden wir lernen, ohne die Antwort auf diese Frage gut zu leben. Vielleicht wird sie irgendwann gar nicht mehr so wichtig sein, weil sich im Leben andere, bedeutsamere Themen auftun.

Auf eines möchte ich an dieser Stelle aber doch hinweisen: Es ist uns Menschen in die Wiege gelegt, dass wir im Laufe unseres Lebens auch mit Leid und Tod zu tun haben werden. Die einen mehr, die anderen weniger. Die einen kommen besser damit zurecht, die anderen weniger. Aber irgendwann und in irgendeiner Form trifft es alle einmal. Die berühmte Frage „Warum gerade ich?" ist also in gewisser Weise nicht angebracht. Es geht eben nicht um „gerade mich". Ja, ich leide jetzt darunter, es ist unerträglich. Aber das heißt ja nicht, dass ich der einzige Mensch bin, der das zu tragen hat. Kaum jemand, der nicht im Laufe seines Lebens mindestens einen Elternteil verliert. Dastehen am offenen Grab eines liebsten Menschen gehört genauso dazu wie der erste Kuss und der erste Urlaub am Meer. Und wieder gilt, beides ist da, das Schöne und das Schreckliche.

Dass das Schreckliche dazugehört, das findet sich schon im biblischen Schöpfungsbericht. Dort werden Adam – dem Erdling, was für mich so viel wie Menschheit bedeutet –

Mühsal und Tod zugesagt. Und wenig später wird beschrieben, wie der gutmütige und gottesfürchtige Abel gewaltsam zu Tode kommt – durch seinen Bruder Kain. In meinen Augen ist all das eine recht nüchterne Darstellung dessen, was ist: Es gibt Ungerechtigkeit, es gibt Tod. Das gehört von Anfang an dazu, das gehört zur Existenz des Erdlings.

Hinter dieser biblischen Darstellung steckt für mich eine Jahrtausende alte und zutiefst berührende menschliche Erfahrung – ja, es ist so, wir kommen nicht drumherum, es liegt im Wesen der Schöpfung, von Anfang an.

Nun ist das natürlich keine angenehme Wahrheit, schöner wäre es, auf ewig ohne Kummer und Sorgen zu leben. Und doch ist es eine Darstellung, die ich ausgesprochen entlastend finde. Wenn ich diese biblische Botschaft ernst nehme, dann muss ich weder mit Gott noch mit mir selber hadern. Der Verlust ist keine Strafe für mein Fehlverhalten, er ist auch kein Zeichen dafür, dass Gott sich abgewendet hat oder missgünstig ist. Der Verlust tritt ein, weil er zum Leben dazugehört. So ist es von Anfang an, das haben seit den allerersten Menschen alle erlebt.

Allerdings ist das, wenn man die Bibel ernst nimmt, nur die halbe Wahrheit. Denn immer wieder wird auch verheißen, angekündigt, versprochen, dass „es" wieder gut wird. Nachzulesen etwa im Buch Hiob. Es geht nicht ohne tiefste, schier vernichtende Erfahrungen von Schmerz und Leid – daran führt kein Weg vorbei. Aber es gibt die Ruhe nach dem Sturm. Es kann wieder Frieden und Heiterkeit einkehren. Vielleicht kann man das mit dem Wort Erlösung umreißen. Auch das sagt die Bibel den Menschen zu. Und sie tut es nicht, weil sie billigen Trost spenden will, sondern sie tut es, weil das seit Jahrtausenden eine menschliche Grund-erfahrung ist: Es gibt Erlösung. Das ist für die Bibel genau-so zutreffend wie die Botschaft von der Unausweichlichkeit des Schmerzes. Etwas flapsig formuliert: Es gibt das Happy End – aber das gibt es nicht billig und nicht schnell, man muss schon den ganzen Weg gehen, ohne die Abkürzungen, die man sich oft so sehr wünschen würde.

Die Verheißung, dass alles gut werden kann, war der ro-te Faden des Gottesdienstes bei Rudis Begräbnis. Die zu le-senden Bibelstellen haben alle das ausgedrückt: das Ende des Buches Hiob, als der so hart geprüfte Gerechte reich be-schenkt wird für sein Festhalten an Gott – allen Tragödien zum Trotz. Das Ende des Buches der Offenbarung, in dem eine neue, wunderbare Welt umrissen wird, die am Ende aller so gewaltsamen Umwälzungen geschaffen wird. Und schließlich die Botschaft der Bergpredigt, in der es unmiss-verständlich heißt: Selig die Trauernden – sie werden ge-tröstet werden.

Ich habe diese Verheißung bewusst für mich zum The-ma gemacht, weil ich mir selber in Erinnerung rufen wollte, dass es sie gibt, dass sie existiert, dass ich sie ernst nehmen darf, dass sie vielleicht tatsächlich eintreten kann. Ich habe diese Verheißung damals mehr in meinen Gedanken als in meinen Gefühlen gehabt, aber immerhin war sie in dieser Form da. Und stark genug da, um sie als Möglichkeit ins Kal-kül zu ziehen.

Ähnlich wie beim Auswählen der Bibelstellen bin ich auch beim Auswählen der Lieder vorgegangen. Ganz wichtig war mir die Vertonung von Dietrich Bonhoeffers wunderbarem Text „Von guten Mächten wunderbar geborgen". Wir hatten dieses Lied oft gemeinsam im Chor gesungen, zu unterschiedlichsten Anlässen. Und immer wieder hat es mich sehr berührt. Zu wissen, dass der Widerstandskämpfer Bonhoeffer diese Zeilen Ende Dezember 1944 geschrieben hat, im Kerker des NS-Regimes, wenige Monate vor seiner Hinrichtung ... Er muss sich über seine Situation völlig im Klaren gewesen sein. Und doch hat er von irgendwoher die Kraft genommen, dieses unglaubliche Bekenntnis abzulegen: Von guten Mächten wunderbar geborgen, erwarten wir getrost, was kommen mag. Woher konnte er diese Zuversicht nehmen? Er war doch ein so kluger Kopf, alles andere als naiv. Wie war es ihm möglich, zu dieser Überzeugung zu gelangen und sie noch dazu in so schlichten und gerade deshalb so glaubwürdigen Worten auszudrücken? Immer wieder hat mich beim Singen diese Frage bewegt. Sie bewegt mich immer noch.

Zum Jubiläum „500 Jahre Reformation durch Martin Luther" am 31. Oktober 2017 war unser Chor in der evangelischen Kirche in Schwechat zu Gast. Wir durften die Feier musikalisch mitgestalten. Beim Einsingen in einem Nebenraum vor dem Festgottesdienst habe ich Rudi total fasziniert beobachtet: Er hat den Text mit so viel Hingabe gesungen, und das wenige Wochen, nachdem er die Diagnose seiner unheilbaren Tumorerkrankung bekommen hatte. Mir schien, als sei er völlig eins mit dem Lied und seiner Botschaft: Er hat die Worte zu seinen eigenen gemacht und sie mit wiegenden Bewegungen untermauert. Es war ein Moment, den ich nie vergessen werde. Die Erinnerung daran, oder besser gesagt die Vergegenwärtigung dieses Momentes, hat mich oft getröstet und mir – wenn auch nur kurz – den Frieden gebracht, der diesen Augenblick geprägt hat.

Aber Verheißungen, dass alles gut werden kann (auch wenn sich noch nicht abzeichnet, auf welche Weise), finden sich nicht nur in religiösen Texten. Ein Lied, das ich als besonders ermutigend empfinde, ist Bette Midlers „The Rose". Der ganze Text handelt davon, dass es gilt, das Leben zu wagen – trotz der Gefahren, die es mit sich bringt, und trotz der Perspektive, dass es auch schmerzlich sein wird. Ja, das ist so. Aber was ist die Alternative dazu? Das Leben nicht zu wagen? Keine Beziehungen einzugehen, weil der Abschied so weh tut ... Ist das eine Option? Und am Schluss des Liedes heißt es sinngemäß: „Wenn die Nacht dunkel ist und du meinst, Liebe ist nur etwas für die, die Glück haben – vergiss eines nicht: Im Winter liegt tief unter der gefrorenen Erde ein kleiner Same. Und der wird im Frühling, unter den Strahlen der Sonne, zu einer Rose erblühen."

Und noch eine tröstliche Vorstellung möchte ich an dieser Stelle mit Ihnen teilen. Sie stammt aus einem Gespräch, das ich mit einer Mitarbeiterin des Caritas-Hospizteams geführt habe. Sie hat mich gefragt, ob Rudi geliebte Menschen „auf der anderen Seite" hat. Ich habe daraufhin länger nachgedacht; es gab da einige Verstorbene, die ihm sehr nahegestanden waren. Und dann ist mir eingefallen, mit wie viel Wärme er immer von seiner Großmutter mütterlicherseits gesprochen hatte. Sie war wohl eine einfache Frau gewesen, aber ihren Enkelkindern sehr zugetan. Und sie hatte ihnen sehr viele Geschichten erzählt, besonders dann, wenn jemand krank war und im Bett bleiben musste. Ich habe also geantwortet, dass es da eine Oma gibt „auf der anderen Seite".

„Sehr gut", war die Reaktion, „dann stellen Sie sich doch vor, wie diese Oma jetzt schon voller Freude auf ihn wartet. Wie sie die Dinge vorbereitet, dass es ihm dort gutgeht. Und wie Sie ihn in ihre liebende Obhut übergeben können."

Ich habe damals einfach den Versuch gemacht. Unabhängig von allen Jenseitsvorstellungen, die man haben kann oder nicht, unabhängig von religiösen Lehren wie Auferstehung, Jüngstem Gericht, Himmel, Hölle, Fegefeuer – oder was immer es da geben mag. Ich habe mir einfach bildlich vorgestellt, wie eine Art Filmszene, wie die Großmutter, die ihren Enkel mit Geschichten durch Schnupfen, Masern und Windpocken begleitet hat, durch Fieber, Halsschmerzen und Bauchweh – sie steht jetzt da und wartet darauf, ihn in Empfang zu nehmen. Ihm dieselbe Geborgenheit zu geben, die sie ihm vor Jahrzehnten geschenkt hat, so intensiv, dass er sich selber als alternder Mann noch ganz deutlich daran erinnert hat.

Praktische Tipps

Ich habe Ihnen in den vorangegangenen Kapiteln meinen Weg beschrieben: von der Diagnose einer tödlichen Krankheit, durch deren verschiedene Stadien bis hin zum endgültigen Abschied, das Erleben der Trauer in verschiedenen Gestalten bis hin in ein neues, erfülltes Leben. Hier ist er nicht zu Ende, mein Weg – aber es ist doch eine bedeutende Etappe, die hinter mir liegt. Etwas ist zu Ende gegangen, und etwas Neues hat begonnen. Eine Krise ist überwunden und zur Chance geworden. So sehe ich es.

Wo befinden Sie sich auf Ihrem Weg? Wie weit sind Sie ihn schon gegangen? Sind Sie müde oder trotz allem guter Dinge? Ist der Himmel wolkenverhangen, sind Sie in einer stürmischen Situation oder in einer friedlichen? Wie immer sich die Dinge gerade darstellen in Ihrem Leben, ich möchte abschließend noch Tipps und Tricks und ein paar Gedanken zum Thema Pflege zusammenfassen. Die Überlegung dahinter ist einfach: Nicht jeder muss das Rad neu erfinden. Erfahrungen, die ich gemacht habe, können auch für Sie hilfreich sein. Aus Schaden wird man klug, heißt es oft. Nun, ich habe aus schwierigen Situationen gelernt und möchte Ihnen hier noch darlegen, welche Schlüsse ich daraus gezogen habe. In der Hoffnung, dass Sie es sich an der einen oder anderen Stelle ersparen, Lehrgeld zu zahlen.

Haben Sie also Teil an meinen Erfahrungen. Sie sind als Angebot gedacht, das Sie prüfen können. So manches wird in Ihrem Leben anders sein: die Umstände, unter denen Sie leben, Ihre Ziele, Ihre Prioritäten. Nehmen Sie sich die Ideen, die Sie brauchen können, lassen Sie die beiseite, die Ihnen nicht entsprechen – und vielleicht wollen Sie sich ja auch Notizen machen, was Ihnen dazu in den Sinn kommt. Wie gesagt, jeder Weg ist anders – es geht darum, irgendwann wieder an ein gutes Ziel zu kommen.

Hilfe rechtzeitig suchen

Ich habe es schon breit ausgeführt und möchte an dieser Stelle nur noch einmal daran erinnern: Suchen Sie sich Hilfe und das rechtzeitig. Warten Sie nicht, bis der Zusammenbruch droht. Ab dem Zeitpunkt der Diagnose befinden Sie sich in einer Ausnahmesituation, die sich jederzeit zuspitzen kann. Wenden Sie sich also an Stellen, bei denen Sie Unterstützung finden können: an die Krebshilfe, das mobile Hospizteam, die Telefonseelsorge, Selbsthilfegruppen und andere. Und suchen Sie sich Verbündete in Ihrem beruflichen und sozialen Umfeld. Beginnen Sie so früh wie möglich, ein Netz für sich zu knüpfen – damit es Sie dann sicher trägt, wenn es notwendig ist.

Persönliche Kraftquellen nutzen

Achten Sie darauf, dass es in Ihrem Leben trotz allem und gerade jetzt freudvolle Momente gibt. Wo immer Sie diese finden: im kreativen Gestalten, beim Sport, im Familien- und Freundeskreis, in der Arbeit, in der Spiritualität, in Kunst und Kultur. Genießen Sie vieles davon, soweit es möglich ist, mit der erkrankten Person. Ein festliches Abendessen, ein Konzert – das wirkt auf alle Beteiligten stärkend. Aber suchen Sie bewusst auch diese Momente für sich allein. Und widerstehen Sie der Versuchung, gerade hier „einzusparen". Ja, es mag manchmal zeitlich eng sein, viele Termine geben. Aber Momente der Freude und des Erfolges sind wichtige Kraftquellen – verzichten Sie also nicht darauf und schaffen Sie anderswo Freiräume.

Auf Entlastung setzen

In einer schwierigen Situation gilt es, soviel Energie wie möglich zur Verfügung zu haben. Das bedeutet vielleicht, die eine oder andere Aufgabe zu delegieren oder unerledigt zu lassen. Vielleicht können Sie im Beruf eine Zeit lang weniger aufreibende Tätigkeiten übernehmen oder vorübergehend Ihre Stundenanzahl etwas reduzieren (Betonung auf „vorübergehend" und „etwas"), möglicherweise kann eine Haushaltshilfe gefunden werden oder Sie freunden sich damit an, dass die Fenster nicht immer makellos geputzt sind. Natürlich geht es hier nicht darum, die Dinge schleifen zu lassen – es geht darum, Prioritäten zu setzen, sodass Ihre Ressourcen bestmöglich zum Einsatz kommen. Da dürfen die Gardinen schon einmal ungewaschen hängen bleiben …

Herausfinden, was JETZT getan werden muss

Gemeinsam mit erfahrenen Begleiterinnen und Begleitern können Sie immer wieder hinterfragen, was in der aktuellen Situation ansteht. Gilt es, Vermögensverhältnisse zu regeln? Oder mit einer bestimmten Person eine Aussöhnung zu suchen? Welche medizinischen Maßnahmen sind jetzt angezeigt? Oftmals gibt es dazu zusätzliche Therapien (Physiotherapie, Shiatsu etc.), die nicht automatisch angeboten werden. Was soll im Falle der Pflegebedürftigkeit geschehen? Gibt es eine Patientenverfügung? Gibt es persönliche Konflikte, die Sie noch klären möchten? Gibt es etwas, das für die Nachkommen zur Erinnerung gestaltet werden soll? Ein Fotobuch zum Beispiel ... Möchten Sie das Begräbnis gemeinsam planen?

Was in Ruhe und nach reiflicher Überlegung rechtzeitig geregelt wird, bringt im Ernstfall eine wesentliche Entlastung. Wobei klar ist, dass nicht alles, was an Eventualitäten ins Auge gefasst wird, auch wirklich Realität wird. Nicht jeder Kranke wird pflegebedürftig, nicht in jeder Familie ist es notwendig, Konflikte beizulegen. Wichtig ist, das Richtige zum richtigen Zeitpunkt zu tun – für mich war dabei die Krebshilfe von unschätzbarem Wert.

Mit Vertrauenspersonen arbeiten

In größeren Institutionen (zum Beispiel Krankenhäusern, Pflegeeinrichtungen) geeignete Ansprechpartner für Ihre Fragen und Anliegen zu finden, das kann oft schwierig sein. Der Zeitdruck ist groß, oft kennt man die handelnden Personen nicht oder nicht gut, es finden Begegnungen statt, auf die eine Seite (möglicherweise auch beide) nicht vorbereitet ist (sind). Das Ergebnis ist oft irritierend, frustrierend, man fühlt sich danach ratloser als zuvor. Ganz wird man dieser Gefahr nie entkommen, aber man kann sie minimieren, indem man sich Vertrauenspersonen sucht. Auf den entsprechenden Stationen gibt es in der Regel Psychologinnen oder Seelsorger, zu deren Aufgaben es gehört, auch für die Angehörigen da zu sein. Vielleicht gibt es auch den einen oder anderen Pfleger oder eine Sozialarbeiterin, zu dem (der) Sie im Laufe der Zeit ein besonderes Vertrauensverhältnis entwickelt haben. Ich würde Ihnen empfehlen, vor wichtigen Besprechungen (über den mutmaßlichen Krankheitsverlauf etwa) diese Personen ins Boot zu holen, sie nach einem geeigneten Gesprächspartner zu fragen. Oft haben sie viel Gespür dafür, wer für Sie in Ihrer Situation ein gutes Gegenüber sein könnte. Ich habe mit dieser Vorgehensweise gute Erfahrungen gemacht.

Ausgleich für schwierige Erlebnisse suchen

Ich habe es mir zur Maxime gemacht, nach einem Besuch bei Rudi im Spital oder im Kolpinghaus nie direkt nach Hause zu fahren. Ich weiß nicht, was geschehen wäre, aber die Vorstellung, mit diesen Eindrücken allein den Abend zu verbringen und sie dann mit ins Bett zu nehmen, hat mich sehr erschreckt. Und so habe ich mir immer einen Puffer gestaltet zwischen diesen Besuchen und der Heimfahrt. Manchmal habe ich danach noch Leute getroffen oder bin ins Kino gegangen, im Sommer bin ich gern auf die Donauinsel gefahren, die Minimalvariante war, etwas besonders Feines zum Essen einzukaufen oder ins Kaffeehaus zu gehen und mich dort in Illustrierten zu verlieren: die neueste Mode, Skandale bei den Royals oder bekannten Filmstars – das war in dieser Situation genau das Richtige.

Einen Sorgenzeitpunkt wählen

Abschiedssituationen sind von Trauer, Angst und Sorge geprägt. Diese Gefühle gilt es ernst zu nehmen und nicht zu unterdrücken. Schließlich können Ängste und Sorgen auf tatsächliche Defizite hinweisen: Wo fühlen Sie sich nicht gut genug begleitet? Was können oder wollen Sie nicht allein machen? Wenn diese Gefühle allerdings zu viel Raum einnehmen, werden sie übermächtig und schränken Ihre Lebensqualität allzu sehr ein. Deshalb mein Vorschlag: Wählen Sie sich einen Zeitpunkt, jeden Abend um 19 Uhr zum Beispiel, den Sie für diese Gefühle reservieren. Da setzen Sie sich mit ihnen für die Dauer eines festgesetzten Zeitraums auseinander. Vielleicht möchten Sie sich ein Notizheft zurechtlegen, um Dinge aufzuschreiben, oder eine Packung mit Taschentüchern, beruhigenden Tee, eine Kerze – was auch immer. Gehen Sie bewusst in die Auseinandersetzung mit diesen Gefühlen hinein – und dann auch wieder hinaus.

In Krisen besonders auf die elementaren Bedürfnisse achten

Gerade wenn sich die Ereignisse überschlagen, fühlt man sich oft überwältigt. Für mich ist es dann, als würde ich im Meer schwimmen und über mir schlagen die Wellen zusammen. Ich habe das Gefühl, ausgeliefert zu sein, selber die Richtung nicht mehr bestimmen zu können. Das stimmt natürlich zum Teil: Die Ereignisse nehmen ihren Verlauf, manchmal ist es möglich, ihnen eine Richtung zu geben – manchmal ist die Entwicklung dramatisch. Aber eines können Sie auch unter diesen Umständen machen: auf die ganz einfachen Dinge achten. Achten Sie darauf, genug und regelmäßig zu trinken. Achten Sie darauf, Nahrung zu sich zu nehmen. Achten Sie darauf, frische Luft zu bekommen. Und achten Sie darauf, ausreichend zu schlafen. Letzteres kann sehr schwer bis unmöglich sein, ich weiß. Schlaflosigkeit bei

Stress ist in meiner Familie gewissermaßen eine Erbkrankheit. Aber gerade jetzt brauchen Sie Ihren Schlaf. Wenn es damit also Probleme gibt, suchen Sie ärztliche Hilfe. Es kann sinnvoll sein, unter fachkundiger Anleitung eine Zeit lang die Unterstützung von Medikamenten in Anspruch zu nehmen. Vielleicht helfen Entspannungsübungen, das Hören von Musik, pflanzliche Mittel (wobei ich selber mit Tees schlechte Erfahrungen gemacht habe – auf die Toilette zu müssen, ist nicht hilfreich beim Einschlafen). Achten Sie, so gut wie möglich, auf einen halbwegs geregelten Tagesablauf.

Wenn Sie können, seien Sie dankbar

Sie haben mit der Person, von der Sie Abschied nehmen, viel Schönes erlebt. Versuchen Sie bewusst, dafür dankbar zu sein. Sie können nichts daran ändern, dass Sie dabei sind, einen geliebten Menschen zu verlieren. Aber Sie haben Einfluss darauf, welche Rolle Sie sich selber in dem ganzen Geschehen zuschreiben. Sind Sie ein hilfloses Opfer, das vom Schicksal grausam geschlagen wird? Oder sind Sie reich beschenkt worden in den letzten Jahren und Jahrzehnten? Haben Sie einen Schatz an Erinnerungen angesammelt, der für immer Ihnen gehört? Natürlich ist es schwer, loszulassen, diese Erinnerungen endgültig dem Bereich des Vergangenen zu übergeben. Aber denken Sie auch daran (wenn Sie können): Diese Erinnerungen sind Geschenke – und es gibt viele Menschen, denen so etwas nicht zuteil geworden ist.

Seien Sie dankbar für das, was war – Sie eröffnen auf diese Weise Räume für das, was noch kommen wird.

Ein paar Überlegungen zum Thema Pflege

Ich habe die Erfahrung gemacht, dass es wichtig ist, sich damit rechtzeitig auseinanderzusetzen – auch wenn es im Krankheitsverlauf dann vielleicht gar nicht relevant wird. Aber ich finde es besser, auf verschiedenste Eventualitäten vorbereitet zu sein, anstatt dann im Fall des Falles kalt erwischt zu werden.

„Für die Kranken ist es besser, wenn sie bis zum Schluss zu Hause bleiben können." Wahrscheinlich haben Sie diesen Satz schon gehört, vielleicht schon des Öfteren. Er klingt sehr logisch. Natürlich – die vertraute Umgebung ...

Aus meiner Sicht ist dieser Satz vor allem eines: eine Pauschalaussage. Es sind ein paar Worte, die vorgeben, auf jede Lebensrealität gleichermaßen zuzutreffen. Aber ist es wirklich so einfach?

Ermöglichen es Ihnen die Umstände, jemanden zu pflegen?

Sind Sie gesund? Sind Sie körperlich und seelisch in der Lage, eine schwerkranke Person zu pflegen? Sind Sie berufstätig? Wenn ja, lässt sich die Pflege mit Ihrem Arbeitsalltag vereinbaren? Sind Sie nachts verfügbar, wenn die erkrankte Person Sie braucht? In welchem Ausmaß und wie lang können Sie das leisten? Ja, es gibt (zum Glück) die Option der Hospizkarenz. Aber sie ist zeitlich befristet und nur möglich, wenn Ihr Arbeitgeber dem auch zustimmt. Sie haben keinen verbindlichen Anspruch darauf.

Trauen Sie sich zu, mit der erkrankten Person ihren Bedürfnissen entsprechend umzugehen? Haben Sie die dafür nötigen Kenntnisse? Könnten Sie diese noch erwerben? Personen mit einer fortgeschrittenen schweren Krankheit sind oft sehr schmerzempfindlich – sind Sie in der Lage, die Person im Bett umzudrehen (wichtig, um Wundliegen zu verhindern), ihr aufzuhelfen usw., ohne ihr weh zu tun? Können Sie die Person aufheben, wenn sie stürzt? Sind Sie dazu körperlich in der Lage? Wie realistisch ist die Möglichkeit einer professionellen Pflege zu Hause – stundenweise oder rund um die Uhr?

Gibt es jemanden aus Ihrem privaten Umfeld, der die erkrankte Person betreut, während Sie in der Arbeit sind? Oder müsste die erkrankte Person große Teile des Tages allein verbringen? Was bedeutet diese Vorstellung für Sie? Es kann sein, dass Sie anrufen und zu Hause hebt längere Zeit niemand ab (das Handy auf lautlos gestellt, um besser schlafen zu können, Akku leer – da gibt es viele Möglichkeiten) – können Sie in einer derartigen Situation weiter konzentriert Ihrer Arbeit nachgehen? Oder können Sie dann heimfahren und nachsehen? Wenn ja – wie oft ist das möglich, ohne dass Sie Probleme mit Ihren Vorgesetzten bekommen?

Wenn die erkrankte Person Teile das Tages allein zu Hause verbringen muss – wie wird es ihr dabei gehen? Ist Ihre Wohnung (speziell das Badezimmer) behindertengerecht? Ist es möglich, auch mit einem Rollator oder einem Rollstuhl die Toilette aufzusuchen oder sich ein Glas Wasser zu holen? Wie sieht es mit der Bewegungsfreiheit aus? Ist der Garten (so es einen gibt) erreichbar? Können Sie jetzt noch bauliche Veränderungen vornehmen? Oder könnte es dazu kommen, dass die erkrankte Person mehr oder weniger auf ein Leben in einem Zimmer reduziert wäre – zumindest dann, wenn niemand anderer anwesend ist? Wenn ja, entspräche das Ihren Vorstellungen?

Wie kann die erkrankte Person ihre Zeit gestalten? Gibt es in ausreichendem Ausmaß Besuche? Gibt es erfüllende Tätigkeiten, Beschäftigungen, die Freude machen? Was geschieht, wenn es plötzlich zu einem seelischen Einbruch kommt, wenn Ängste oder Sorgen überhandnehmen? Kann in Situationen wie diesen jemand zu Hilfe kommen? Wie lang würde das in etwa dauern? Ich spreche hier nicht von medizinischen Notfällen, da sind die entsprechenden Alarm-Armbänder, soviel ich weiß, sehr effektiv und hilfreich. Aber auch die Seele kann in Not geraten. Und dann?

Ich rate Ihnen, sich über Fragen wie diese sehr offen und so frühzeitig wie möglich auszutauschen. So kann es gelingen, dass Sie eine Vorgehensweise finden, die Ihnen und Ihren Lebensrealitäten so weitgehend wie möglich entspricht. Finden Sie gemeinsam heraus, wo Sie Ihre Prioritäten setzen – und dann suchen Sie gemeinsam nach Wegen, diese so gut wie möglich zu verwirklichen. Bleiben Sie (beide), so gut es geht, selbstbestimmt, treffen Sie Ihre persönlichen Entscheidungen. Die können – abhängig von den konkreten Lebensumständen – sehr unterschiedlich aussehen. Wichtig ist, dass Sie, wenn es dazu kommt, dazu stehen können. Solche Entscheidungen finden sich nur allzu oft nicht von selber, sie müssen erarbeitet werden. Die gute Nachricht ist: Sie müssen in diesem Prozess nicht allein bleiben. Es gibt sachkundige Hilfe. Scheuen Sie sich nicht, diese in Anspruch zu nehmen.

Nachhaltige Produktion ist uns ein Anliegen; wir möchten die Belastung unserer Mitwelt so gering wie möglich halten. Über unsere Druckereien garantieren wir ein hohes Maß an Umweltverträglichkeit: Wir lassen ausschließlich auf FSC®-Papieren aus verantwortungsvollen Quellen drucken, verwenden Farben auf Pflanzenölbasis und Klebestoffe ohne Lösungsmittel. Wir produzieren in Österreich und im nahen europäischen Ausland, auf Produktionen in Fernost verzichten wir ganz.

Mitglied der Verlagsgruppe „engagement"

2021
© Verlagsanstalt Tyrolia, Innsbruck
Umschlag: stadthaus 38, Innsbruck
Digitale Gestaltung: Studio HM, Hall in Tirol
Druck und Bindung: FINIDR, Tschechien
ISBN 978-3-7022-3967-1 (gedrucktes Buch)
ISBN 978-3-7022-3968-8 (E-Book)
E-Mail: buchverlag@tyrolia.at
Internet: www.tyrolia-verlag.at